本研究为浙江省哲学社会科学发展规划课题《浙江"三个地"优势融入高校思政教育路径研究》研究成果（19GXSZ33YB）

新时代高校
课程思政建设构想

徐 勇 著

ZHEJIANG UNIVERSITY PRESS
浙江大学出版社
·杭州·

图书在版编目（CIP）数据

新时代高校课程思政建设构想 / 徐勇著. —杭州：
浙江大学出版社，2022.10
ISBN 978-7-308-23098-8

Ⅰ.①新… Ⅱ.①徐… Ⅲ.①高等学校－思想政治教
育－教学研究－中国 Ⅳ.①G641

中国版本图书馆 CIP 数据核字（2022）第 176160 号

新时代高校课程思政建设构想

徐　勇　著

责任编辑	韦丽娟	
责任校对	周烨楠	
封面设计	周　灵	
出版发行	浙江大学出版社	
	（杭州市天目山路 148 号　邮政编码 310007）	
	（网址：http://www.zjupress.com）	
排　　版	浙江大千时代文化传媒有限公司	
印　　刷	广东虎彩云印刷有限公司绍兴分公司	
开　　本	710mm×1000mm　1/16	
印　　张	11.75	
字　　数	211 千	
版 印 次	2022 年 10 月第 1 版　2022 年 10 月第 1 次印刷	
书　　号	ISBN 978-7-308-23098-8	
定　　价	88.00 元	

目 录

引　言

以本土叙事助力新时代课程思政变革

党的十九大正式宣告,中国特色社会主义进入新时代。新时代赋予政治、经济、社会、文化等领域新的历史机遇与历史使命。从教育改革发展的角度看,"新时代的教育变革"成为当下教育研究的一个重要学术话语,亦成为教育实践关注的重要问题。对于新时代的高等教育研究而言,关键不是盲目跟风地给所有的研究都贴上"新时代"的标签,而是要通过扎实的思考和探索回答好新时代教育的"时代之问"。这就要求,新时代的教育研究和思考,必须扎根中国大地,从立德树人的政治高度出发,审视高等教育改革发展中的现实问题,聚焦改革的主流方向,生成具有中国特色的高等教育变革之道。

从概念上说,教育研究是一种兼具理论理性和实践理性的活动,其理论理性意味着教育研究首先要关注教育"是什么"的问题,即要通过对现象的分析把握教育的内在规律,对纷繁复杂的教育现象存在的状况、内在结构、本质和发展规律进行认识,建构"真"的知识;其实践理性则意味着教育研究不仅要关注教育"是什么"的问题,还要关注教育"应该怎么做"以及"做得怎么样"的实践问题,即教育研究要在观念的指引下,合理地建构教育活动,并预设其结果。[1] 新时代的高等教育研究,要想通过研究不断破解问题,打造公平而有质量的高等教育体系的核心价值,就必须注重研究范式的转型,即倡导研究的实践理性,运用新思维,抓住真问题,寻找新思路,做好真研究,达成新境界,推动高等教育改革与发展。同时,保证研究的成果能够与

---

〔1〕 李太平,刘燕楠.教育研究的转向:从理论理性到实践理性——兼谈教育理论与教育实践的关系[J].教育研究,2014,35(3):4-10,74.

高等教育改革发展的实践相契合,实现"真管用"的研究价值导向。这既与教育研究整体范式转型相匹配,也是新时代高等教育改革发展赋予教育研究者的重要历史使命。

纵观新时代的高等教育改革发展,我们无法回避高校的课程思政改革问题,这既是一个重要的理论问题,也是一个重要的现实问题。长期以来,在教育实践体系中,不论是中小学教育,还是高等教育,知识技能的传授与思想、道德、情感、价值观的教育往往是彼此独立的,甚至在很多非德育、非思政学科的教师看来,他们的主要任务就是完成学科本体知识的教学,而忽视了自身应该承担的立德树人价值,忽视了学科和课程在更广阔空间上的育人功能的开发。这种思政教育与学科知识教育之间的割裂,不仅消弭了学科和课程的育人价值,还难以构筑起完整的立德树人体系,进而衍生出高校思政教育目标狭隘、内容贫瘠、方法单一等诸多问题,导致了思政教育的低效甚至无效。

实际上,从学科教学的本质出发,应该看到,学科和课程的本体教学与学生思想、道德、情感、价值观的教育有着内在的关联和契合。不论是赫尔巴特倡导的"教育的唯一工作和全部工作都可以总结在道德这一概念之中"[1],还是现代教育研究主体普遍认同的"教育所最终要达成的是个体思想品德的养成与完善,教学的目标不仅在知识的传递,还在于其本身就内生着的思想道德追求"[2],这实际上意味着,教育教学的过程本身必然蕴含着思想道德教育的元素,缺失了这一层面的价值,教学就没有完整地完成其应有的使命。

上述理论和实践两个层面的分析,呈现了新时代高等教育改革发展中倡导课程思政与思政课程同向同行,最终建构完善的立德树人体系的重要性和紧迫性。相较于思政课程的改革,课程思政是一个更新、更具创造价值的概念和研究范畴。从概念上说,课程思政就是将高校思想政治教育融入课程教学和改革的各环节、各方面,实现立德树人、润物无声的目标,即寻求各科教学中专业知识与思想政治教育内容之间的关联性,并在课程开展的过程中,将思想政治教育的相关内容融汇于学科教学当中,通过学科渗透的方式达到思想政治教育的目的。

根据笔者的梳理,近年来,与课程思政相关的研究成果几乎占到了整个

---

〔1〕[德]赫尔巴特.普通教育学、教育学讲授纲要[M].李其龙,译.杭州:浙江教育出版社,2002:113.

〔2〕田保华.学科德育是内生"溢出",非外求"渗透"[J].中国德育,2018(7):9-10.

高等教育研究成果的近 15％,在高等教育研究方向较分散的今天,这样的比例有力地证明了"课程思政"已经成为高等教育研究体系中最重要、最关键、最具影响价值的命题。随着这种研究的开展,学界越来越清晰地认识到,课程思政作为一种新的思政教育范式,体现的是一种有连续性、系统性的课程观,它不拘泥于各科专业知识的学习,将思想政治教育的目标融汇于各科的教学当中,使得各门课程都能参与学校育人的过程当中,形成一个完整的课程育人体系,[1]能够丰富学科教学内容,让学科教学更具深度;能够引领教学创新,让课堂教学更有温度;能够提升育人效果,让思政教育更有力度。可以认为,课程思政作为一种高等教育课程教学改革的新理念,其价值正得到越来越一致的认可。

任何教育改革都无法回避对于教育价值的考量。当诠释学、解释学等成为哲学,进而成为各类人文社会科学的显学时,意义问题才得以真正彰显,但是对学术研究意义的追问历来是学术发展与知识增长的内在精神传统与动力机制。[2] 人们对教育意义的认可,不仅构筑了学术研究的理性基础,还是教育实践探索的重要动力。鉴于对课程思政价值的认知,近年来,不仅国家,各地区和各学校也纷纷制定出台了推进课程思政建设的实施意见,构筑了完整的课程思政变革制度体系,成立了课程思政研究的相关机构。在实践中,各校、各学科还纷纷结合实际,注重对课程思政有效实施方法的研究。在这一过程中,学校课程思政建设的系统顶层设计,教师课程思政意识的培养,课程思政资源的开发等,都已经取得了一定的实践成果,有力推动了高校课程思政变革的实践。

"课程思政改革的推进是一项系统工程,需要统筹规划,整合思想政治教育资源,实现思政内容与专业学科知识有机统一,在讲授知识的同时实现价值引领,达到'课程育人'的目标。要处理好课程思政与思政课程之间的关系,应充分发挥教师的主导作用,尊重学生的主体性,创新教学方法,在学生与教师的交流互动中实现课程思政的育人目标。"[3]但就客观而言,当前在高校课程思政改革的认知与实践中还存在一些误区,主要集中在以下两个方面。

第一,认知上对课程思政可能性的怀疑。认知是行动的基础,从当前的

〔1〕 谭晓爽.课程思政的价值内涵与实践路径探析[EB/OL].(2018-05-17)[2021-01-07].http://images1.wenming.cn/web_wenming/zyh/szk/201805/t20180507_4676967.shtml.

〔2〕 王兆璟.论有意义的教育研究[J].教育研究,2008,29(7):39-43.

〔3〕 谭晓爽.课程思政的价值内涵与实践路径探析[EB/OL].(2018-05-17)[2021-01-07].http://images1.wenming.cn/web_wenming/zyh/szk/201805/t20180507_4676967.shtml.

课程思政建设与改革情况看,教师对课程思政重要价值的认知已经不太会存在问题了,但对自身任教的学科是否真正具有课程思政的价值,以及如何发挥这种价值,往往会让教师陷入疑惑甚至自我否定之中。应该指出的是,任何课程都有思政教育的元素。借鉴学科德育的相关理论可以认为,学科知识是学生思想品德和价值观形成、发展的基础,学科知识经由提升道德认知水平,进而促进人类思想道德和价值观理性的发展。这也表明,思想品德和价值观认知的获得和水平的提升并非仅仅局限于具体思政课程的学习和思考。门类众多的学科课程中包含着大量丰富的思政知识,这些思政知识附加在学科知识之上,需要教师用教育智慧来挖掘和利用。因此,从某种意义上说,学科知识的教学实现程度是课程思政的有效量尺,由学科知识汇聚而成的思政教育资源能够不断促进学生思想品德和价值观的发展与成熟。[1] 从这个角度出发可以认为,任何课程都具有思政教育的价值,只是这种价值需要教师用智慧的眼光去挖掘和统筹。

第二,实践上对课程思政实施错误路径的固守。课程思政,表面上是一种新的课程改革和思政教育理念,实际上是一种指向于全员育人的教学实践变革,如何设计有效的课程思政教学方式是关键问题。从目前的情况来看,很多高校教师在入职之前没有接受过专门的师范专业训练,特别是缺少教学法、教学设计等领域的针对性培训,这导致很多老师在实施课程思政的过程中没能真正做到思政教育和学科教学有机融合,只是在表面上顺从课程思政的要求,建构了"课程"+"思政"的附加式教学模式。此类课程思政教学试图在传统的学科教学之外附加新的思政教与学任务,主要表现为在课堂教学中预留独立的思政教育时空,过度放大或演绎学科内容中的"思政点",刻板地说教或煽情以获取即时课堂思政教育效果等。这种附加式的课程思政,割裂了学科教学与思政教育之间的内在联系,不仅没有办法呈现课程思政应有的价值,还容易导致课堂教学刻板、生硬,让学生产生反感情绪,反而对思政教育产生反作用。实际上,借鉴学科德育的理念,课程思政在教学方法的选择上应考虑两个原则:一是隐性原则。课程思政不是进行直接的思想政治说教,一般不以说服教育法、行为训练法等直接的思政方法将学科教学变为思政教学。教师可以运用融思想、品德、情感、价值观等发展于知识教学之中。这种润物无声的方式,包括角色扮演法、渗透法、体验法、案例法等,能引起学生的思想情感共鸣,养成学生健全人格,塑造学生灵魂。

---

〔1〕 李敏,张志坤.审议与反思:学科德育的教学表现样态[J].教育发展研究,2014,33(22):12—15.

二是生成性原则。"教无定法,贵在得法",在具体的课程思政教学过程中没有固定的教学方法和程序,思政元素在教学过程中随学科知识的呈现而呈现,不同的学科、不同的课程、不同的教学组织形式和教学内容所要求的方法各异。教师要灵活变通,善于利用时机,结合教学目标、学科教学的特点,以及学生的思想道德发展水平为学生选择适当的教学方法。

新时代高等教育具有两种叙事语境:一种是中国语境的叙事,指在改革开放 40 多年来中国崛起推力下产生的高等教育"中国模式"初具雏形;另一种是全球语境的叙事,主要指第四次工业革命和经济全球化背景下未来高等教育可能产生颠覆性变化。[1] 不论是怎样的叙事语境,都赋予了新时代中国高等教育研究新的责任与历史使命。然而,回溯当前的高等教育研究,可以清晰地发现研究中存在比较明显的"国际"偏好,即研究者更多地希望通过国外高等教育改革发展的经验引介来撬动国内高等教育改革发展的进程,这种研究尽管有助于加速中国高等教育的国际交流与融合,但是却在一定程度上制约了本土性的研究成果的出现和中国高等教育个性化发展。从一方面看,当前课程思政、思政课程的概念体系,主要出现在中国高等教育的课程、教学改革设计中,是一种具有鲜明本土特征的概念;从另一方面看,近年来高等教育改革发展的实践已经证明,很多所谓的国际经验并不能直接化解中国高等教育存在的问题。与此同时,随着我国经济社会发展和国际地位的提升,整个国际社会迫切需要更多的高等教育改革发展的中国经验。因此,倡导中国语境的研究叙事,以本土化的叙事方式通过本土经验积累探索解决中国高等教育改革发展实际问题的途径,并在此过程中主动讲好高等教育改革的中国故事,凝练高等教育改革的中国经验,已经成为新时代中国高等教育研究的重要价值导向。这不仅勾画了高等教育研究的整体脉络,还赋予了每一个高等教育工作者、研究者关注本土教育问题,探索本土教改经验的时代使命。

以本土叙事推动课程思政变革,既是一种研究的整体范式,也是一种具体的研究思路。在这种范式和思路下,我们需要通过对中国经济社会发展和教育改革整体情况的分析来准确把握高校课程思政改革的整体背景;需要在对相关研究文献的系统梳理基础上明确现有研究存在的问题和不足;需要在对习近平总书记关于思政教育改革重要讲话精神、课程教学改革最新理念等的深入学习和分析中形成课程思政建设与改革的概念框架和理论基础;需要在对当下课程思政建设与改革实际情况的调查分析中,把握师生

---

〔1〕　陈先哲.新时代高等教育与高等教育新时代[J].教育发展研究,2018,38(C1):58-66.

对于课程思政建设的需求,以及课程思政实践中存在的问题;需要以系统变革的理念,扎根课堂教学实践,设计具有针对性、实践性的课程思政建设与改革路径。这种宏观与微观相兼顾,理论与实践相统筹,整体与局部相融合的研究,构成了本书撰写的整体框架和逻辑体系。

应该指出的是,以本土叙事的方式推动高校课程思政的建设与变革,同样呼唤建构一支结构完善的研究队伍。在这支队伍中,既需要有专门的理论研究者来推动课程思政理念的创新,也需要扎根于实践的经验凝练,以形成具有实践价值的改革思路。笔者长期在高校工作,既有人事管理的经验,也有党政部门工作履历,对高校的思想政治工作有丰富的认知和实践体验,希望能够聚焦于新时代高校课程思政存在的一系列认知与实践问题,结合对浙江省普通本科高校课程思政实施状况的实证调研和笔者所在学校课程思政改革的实践,通过系统性的思考和探究,形成新时代高校课程思政建设与改革的本土经验,为建构更完善、更有效、更健全的思政育人体系贡献绵薄之力。

第一章

新时代高校课程思政建设的背景分析

　　教育的存在和发展不是孤立的,而是有着一定社会背景的。近年来,随着教育研究学科体系的日渐完善和教育社会学等交叉学科的兴起,教育与社会的关系逐渐成为教育学研究和社会学研究的重要命题。对于教育与社会的关系认知,最为普遍的观点是社会的发展会催生教育的变革,并为教育变革提供新的空间和载体。在这种观念中,社会无时无刻不在变化之中,其结果或迟或早都会堆积并产生影响,最终导致教育的变化。实际上,教育与社会之间的关系不是单一的,教育改革既受制于社会发展,也能够为社会发展提供能动作用。相对于社会而言,教育不仅是一种因变量,还是一种自变量,也就是说教育与社会之间绝非单向的、线性的关系。教育与社会相互作用、相互影响,始终处于"共变"过程之中。[1] 教育与社会之间的"共变"关系,意味着思考任何层面的教育变革,都不能孤立地从社会发展的现实情况分析,要综合考虑改革的背景,只有如此,才能确保教育改革真正契合社会发展需要,并能够从社会发展之中源源不断地汲取营养元素。

　　从上述分析出发,新时代高校课程思政的建设与改革,作为一种特殊类型的变革,也应该在与社会整体发展环境的充分互动中检视自身的价值,明确变革的重心与任务。而这一切,都必然依赖于对新时代高校课程思政改革背景的分析。在笔者看来,这种背景至少应该包括四个维度的考量:注重立德树人的时代背景;强调课程思政的政策背景;拓展教学价值的教改背景;探索育人变革的学校背景。

---

〔1〕 张行涛.教育与社会共变格局与过程[J].集美大学学报(教育科学版),2004(1):42-46.

一、注重立德树人的时代背景

国无德不兴，人无德不立。高校要全面贯彻党的教育方针，培养德智体美劳全面发展的社会主义建设者和接班人，把"立德树人"作为教育事业的根本任务。"习近平同志在全国高校思想政治工作会议、全国教育大会以及其他重要会议上发表的重要观点，形成了新时代关于'立德树人'教育理念的系列思想。"[1] 毋庸置疑，"立德树人"作为教育事业的根本任务，已经成为新时代教育的核心思想。高校课程思政改革，本质上的要求就是充分发挥高校课程，特别是专业课程的思政教育价值，建构完善的立德树人体系，由此，课程思政改革是落实立德树人的重要方式，也是立德树人的内在要求。探索高校课程思政改革，首先要直面立德树人的时代背景。

（一）立德树人是教育的根本任务

党的十八大以来，习近平总书记从坚持和发展中国特色社会主义，实现中华民族伟大复兴中国梦的全局高度，从国家长治久安、党长期执政的战略高度，系统地提出了关于立德树人方面的新理念，进一步回答了"三个培养"问题，即"培养什么样的人、如何培养人、为谁培养人"，以及与当代青年学生相关的"如何认识青年学生、如何教育引领青年学生、如何发挥青年学生作用"等一系列重大问题。在全国高校思想政治工作会议上，习近平总书记指出，我国高等教育肩负着培养德智体美全面发展的社会主义事业建设者和接班人的重大任务，必须坚持正确政治方向。[2]

（二）立德树人是高等教育的总方向和总目标

习近平总书记在党的十九大上的重要讲话确定了新时代我国高等教育的总方向和总目标，并将立德树人这一理念提升到新的战略高度。在北京

---

〔1〕 任兆妮."立德树人"教育理念的发展脉络及其内涵研究[J].南方论刊,2019(12):90-91,97.

〔2〕 张烁,鞠鹏.把思想政治工作贯穿教育教学全过程 开创我国高等教育事业发展新局面[N].人民日报,2016-12-09(1).

大学师生座谈会上,习近平总书记强调,"培养社会主义建设者和接班人,是我们党的教育方针,是我国各级各类学校的共同使命。大学对青年成长成才发挥着重要作用。高校只有抓住培养社会主义建设者和接班人这个根本才能办好,才能办出中国特色世界一流大学"[1]。2018年,在全国教育大会的讲话中,习近平总书记强调指出:"我国是中国共产党领导的社会主义国家,这就决定了我们的教育必须把培养社会主义建设者和接班人作为根本任务,培养一代又一代拥护中国共产党领导和我国社会主义制度、立志为中国特色社会主义奋斗终身的有用人才。"[2]在纪念五四运动100周年大会上,习近平总书记再次强调:"把青年一代培养造就成德智体美劳全面发展的社会主义建设者和接班人,是事关党和国家前途命运的重大战略任务,是全党的共同政治责任。"[3]

(三)新时代高校立德树人的本质特征

立德树人不但是教育的根本任务,是高校的立身之本,还是高校工作的中心环节。这是对高校立德树人地位和作用的根本阐释。只有系统全面地学习领会习近平新时代中国特色社会主义思想,牢牢把握立德树人的本质特征,才能不断明确高校所应坚守的育人方向,为高校立德树人各项策略的落实奠定坚实基础。

1.培育时代新人是方向目标

党的十九大报告中明确提出要培养时代新人,要培养德智体美劳全面发展的社会主义建设者和接班人。2018年9月10日,在全国教育大会上,习近平总书记提出了"六个下功夫",进一步明确了培养"时代新人"的具体方法论。培育"时代新人"具有迫切性和重要性,他们将肩负起实现"两个一百年"奋斗目标和中华民族伟大复兴的中国梦的重任。因此,新时代对时代新人的期望对人才培养提出了明确的要求。时代新人必须在思想政治觉悟、道德品质水平、科学文化素质以及精神面貌状态等方面契合新时代的要求,只有这样才能更好地承担起时代的重任。

2.践行社会主义核心价值观是根本要求

---

〔1〕 习近平.在北京大学师生座谈会上的讲话[N].人民日报,2018-05-05(2).

〔2〕 张烁,王晖.坚持中国特色社会主义教育发展道路　培养德智体美劳全面发展的社会主义建设者和接班人[N].人民日报,2018-09-11(1).

〔3〕 习近平.在纪念五四运动100周年大会上的讲话[N].人民日报,2019-05-01(2).

当前,社会主义核心价值观是我国重要的教育引导思想之一。社会主义核心价值观既是新时代凝聚人心、共同奋斗的思想基础和精神源泉,是兴国之魂;也是从国家、社会、个人三个层面价值准则和道德规范上,党对人民要求的全面概括,是高校立德树人的根本要求。因此,高校立德树人的前提和基础就是牢牢把握社会主义核心价值观的精神实质。习近平总书记强调:"核心价值观,其实就是一种德,既是个人的德,也是一种大德,就是国家的德、社会的德。国无德不兴,人无德不立。"[1]2018 年 5 月 2 日,在与北京大学师生座谈时习近平总书记进一步将立德树人思想与社会主义核心价值观紧密结合起来,把立德树人内化到大学建设和管理各领域、各方面、各环节。因此,高校立德树人的内涵与路径从根本上取决于社会主义核心价值观。

3.实现中国梦是鲜明主题

中华民族伟大复兴的中国梦的实现与青年人的素质与本领有着直接而密切的关系。党的十八大以来,习近平总书记对中国梦的定义,实现中国梦的手段等有关重大问题进行丰富而深刻的阐述,提出了一系列新的思想和观点。中国梦不仅属于国家、民族,还属于每一个中国人,每一个青年学子都应为之努力奋斗。中国梦是和平、发展、合作、共赢的梦,不仅造福中国人民,而且造福世界人民。这些丰富的内涵为高校立德树人提供了鲜明的主题。从高校立德树人的要求与过程来看,高校要完成中国梦时代特性与大学生理想信念、价值观的整合。中国梦以其鲜明而生动的现实意义和逻辑指向为大学生提供了明确的使命追求、价值目标和方法论意义。中国梦实现了理论与实践、理想与现实的统一,同时强调高校加强人才培养助推中国梦的重要性和紧迫性。

4.加强和改进思想政治工作是本质要求

只有以习近平新时代中国特色社会主义思想为指导,高校深入研究和把握新时代大学生群体的新特点,明确新任务与新要求,才能深刻把握高校思想政治工作的内涵,更好地让广大教师成为新时代大学生的引路人。习近平总书记关于加强和改进高校思想政治工作的一系列重要论述,对高校进一步加强和改进思想政治工作的方向、理念、途径提出了明确的要求。

---

〔1〕 习近平.青年要自觉践行社会主义核心价值观——在北京大学师生座谈会上的讲话[N].人民日报,2014-05-05(2).

（四）高校立德树人实践的主要成效

立德树人工作历来都是我们党高度重视的工作之一，尤其是党的十八大以来，以习近平同志为核心的党中央高度重视培养社会主义建设者和接班人，把立德树人作为教育的中心环节，采取一系列多方面的有力举措加以推进。经过多年来的努力和创造性的实践，高校思想政治工作不断加强，立德树人根本任务取得显著成效。

1. 思想政治工作地位不断提高

近年来，高校全面贯彻党的教育方针，落实立德树人根本任务，通过责任落实、顶层设计、制度建设、机制保障，不断提升思想政治工作地位与功能。一是更清晰的顶层设计。各高校陆续推进和实施思想政治工作质量提升工程，构建起课程育人、实践育人、管理育人、服务育人等十大育人体系，扎实推进"一体化"育人工作，高校思想政治工作"四梁八柱"框架设计初步形成。二是更明确的思想政治工作责任。高校党委以党的政治建设为统领，不断加强政治引领和价值引领。各地党委领导同志奋斗在第一线，纷纷到高校进行调研督查、形势与政策报告。高校党委书记和校长、各地教育部门负责同志，也都站上讲台，给学生们上了生动的思想政治理论课，以加强党对思想政治理论课的指导和对思政工作的领导。三是建立更具活力的思想政治工作机制。各个高校要坚持把思想政治工作始终贯穿于教学管理和人才培养全过程，大力构建"党委统一领导、党政齐抓共管、学工部门组织协调、有关部门各司其职、全校上下积极参与"的工作机制，推动形成专业教师、学工战线、群团组织协调分工，合力做好思想政治工作的局面。

2. "思政课程"与"课程思政"深度结合

近年来，全国高校积极探索如何实现"思政课程"与"课程思政"的深度结合，坚持显性与隐性教育相统一，努力实现育人与育才、立德与树人的有机结合。一方面，加强"思政课程"建设，取得了良好的成效。各高校都开设了思想政治理论课的四门本专科必修课程，及两门研究生必修课程。建设健全的涵盖各层次、多介质的立体化教材体系。在各方积极合作下，努力提升思政课程的质量和水平，高校思政工作氛围、思想政治理论课气象为之一新，使思想政治理论课对学生的吸引力发生变化。在被立为"思想政治理论课教学质量年"的2017年，教育部通过组织了200余位专家学者深入全国2500余所高校进行思想政治理论课的调查研究，采用随机听课的方式听取了3000堂思想政治理论课，对3万多名大学生进行问卷调查。通过调研发

现,86.6%的受访学生表示非常喜欢或比较喜欢上思想政治理论课,91.8%
的受访学生表示非常喜欢或比较喜欢思想政治理论课教师,91.3%的受访
学生表示在思想政治理论课上很有收获或比较有收获。各高校思想政治课
学生整体参与率、抬头率和获得感不断提升,调查显示超过90%的大学生
对思想政治理论课教师的授课感到满意。"有些学校的思政课,像春运期间
的高铁票那样一票难求。"[1]另一方面,思想政治理论课结合各类课程协同
育人的局面初步形成,"课程思政"建设初见成效。"课程思政"的概念最早
源于2005年上海市在实施学校思想政治教育课程改革中提出的"学科德
育"。2010年,在承担国家教育体制改革试点项目中,上海市通过开展"整
体规划大中小学德育课程"工作,重点推动大中小学德育课程一体化建设;
2014年起,德育被上海纳入教育综合改革重要项目,在教学实践中不断探
索"思政课程"到"课程思政"的转变。[2] 2016年,全国高校思想政治工作
会议召开后,教育部大力推行"课程思政"建设,全国各高校积极响应、因校
制宜,加快推进"课程思政"建设,"思想政治理论课与各类课程相结合,同向
同行"效应也逐步显现。

　　3.大学生思想主流继续呈良好态势

　　经过长时间的探索,高校稳扎稳打,不断推进思想政治工作和党的建
设,通过课堂教学这个主渠道,在"思政课程"与"课程思政"紧密结合的协同
效应下,广大青年学生的世界观、人生观、价值观的主流和总体趋势保持健
康积极向上,思想道德素质整体上呈现出良好的态势。一是将自觉践行社
会主义核心价值观内化于心、外化于行。各高校以重要节日为契机,根据学
生年龄特征,广泛开展形式多样的主题教育,切实培育社会主义核心价值
观。青年大学生也通过学习与实践,开展了支农支教、医疗救护、扶贫开发、
生态环保、应急救援等志愿服务和公益行动,在社会实践中得到锻炼,增长
才干。二是坚定"四个自信"意识。从持续25年的大学生思想政治状况滚
动调查结果来看,广大师生思想政治状况总体上呈现积极健康、向上向好的
态势。三是青年学生自觉地把个人理想追求寓于中华民族伟大复兴的事业
之中。青年学生认同并自觉树立了与时代主题同心同向的理想信念,自觉
将个人梦想融入中国梦,融入祖国和民族的发展之中,勇于担当时代赋予的

---

　　[1] 陈宝生:有些学校的思政课,像春运期间的高铁票那样一票难求[EB/OL].(2018-03-
16)[2018-06-17].http://www.xinhuanet.com/politics/2018lh/2018-03/16/c_1122545283.htm.
　　[2] 高德毅,宗爱东.课程思政:有效发挥课堂育人主渠道作用的必然选择[J].思想理论教
育导刊,2017(1):31-34.

历史责任,把家国情怀转化为奋斗实践,为实现中国梦发挥生力军的作用。

4.大学生综合素质整体性提升

人的全面发展必须通过德智体美劳的全面培养,从而实现立德树人根本任务。正是基于人的全面发展目标,近些年来,全国各高校不断加强德育、智育、体育、美育、劳动教育"五育并举",大力培养学生的综合能力,促进大学生综合素质整体性提升。除努力提升大学生的道德品质修养外,还加大对大学生的专业素质、创新创业能力、身体素质、心理素质、审美意识与劳动素养等方面的培养。一是坚持"以本为本"的本科教育理念,围绕办学定位和市场需求,制定高校学科专业建设完善与调整规划,使先进完备的学科专业体系、人才培养结构与国家战略、社会发展水平相匹配;在课程设置上更加注重思想品德、科学知识、实践能力、人文素养与创新创业能力的有机结合,着力培养具有较强岗位适应能力的面向各地多行业、多企业的高素质人才,提供高层次的智力支撑,促进经济转型升级。二是树立起"健康第一"的教育理念,开齐开足体育课,学校系统地对学生进行体育教育和训练,不断完善体质健康测试与评价体系,促进学生积极参与体育锻炼。三是推动美育在育人体系中的实质性实施。早在20世纪90年代,根据《中国教育改革与发展纲要》,大多数高校都提出了美育目标,积极开设美育课程,发挥美育在教育教学中的作用,培养学生健康的审美观念和审美能力,提高学生审美与人文素质。四是重新重视劳动教育,将劳动教育有机融入人才培养,在专业实践过程中加强培养职业技能和劳动技能;加强有关劳动观念和劳动精神的教育,引导人民群众重视并关注劳模精神、劳动精神、工匠精神。当然,在看到成绩的同时,我们也要清醒地认识到践行立德树人教育理念的过程中还存在许多不足和薄弱环节。特别是在现代社会中,教育与政治、经济、文化以及整个社会生活紧密相连。党的十九大提出"中国特色社会主义进入了新时代"的科学论断,普及更加优质的高等教育,是满足人民日益增长的美好生活需要的重要举措。人民群众有着日益增长的对"美好"高等教育的新要求,新生代特征有了新变化,高校立德树人实践也将面临新挑战、新问题。

二、强调课程思政的政策背景

在倡导把立德树人作为教育根本任务的新时代教育系统中,高校课程思政改革是一个重要的范畴,也是当前高等教育政策制定和执行的重要着力点。

　　高校传统、单一的思想政治理论课教学理念和模式与新时代思想政治教育的发展需求不够匹配，在新时代新形势背景下，高校学生不断受到各种价值观的冲击和影响，在价值判断标准和价值取向方面，难免会产生疑惑、困顿和对自我的怀疑。除此之外，随着人们思想意识形态的不断完善，社会上多种多样、想法各异的社会思潮交融的情况日益增多，如何发挥社会主义意识形态的引导作用，传播正能量，增强凝聚力和引领力，是思想政治教育建设面临的挑战。在复杂的社会环境中，要充分利用马克思主义的观点、立场、方法，为高校学生获得正确的价值观、做出正确的价值判断提供方法论的支持。

　　习近平总书记关于办好思政课和推动课程思政建设的重要论述，为新时代高校课程思政建设指明了方向。当代新形势下，我们应从课程思政角度切入，进一步推动思想政治教育改革，不断探索丰富、新颖的思想政治工作模式，改变传统、单一的教学理念，构建新型"大思政"教育工作格局，实现"全员、全程、全方位育人"战略目标。2017年，中共中央、国务院印发的《关于加强和改进新形势下高校思想政治工作的意见》中指出，"坚持全员全过程全方位育人。把思想价值引领贯穿教育教学全过程和各环节"，"要加强对课堂教学和各类思想文化阵地的建设管理。充分挖掘和运用各学科蕴含的思想政治教育资源"。[1] 2016年12月，习近平总书记在全国高等学校思想政治教育工作会议上强调指出："要用好课堂教学这个主渠道，思想政治理论课要坚持在改进中加强，提升思想政治教育亲和力和针对性，满足学生成长发展需求和期待，其他各门课都要守好一段渠、种好责任田，使各类课程与思想政治理论课同向同行，形成协同效应。"[2]在2017年12月，中共教育部党组印发《高校思想政治工作质量提升工程实施纲要》，其中明确指出："大力推动以'课程思政'为目标的课堂教学改革……梳理各门专业课程所蕴含的思想政治教育元素和所承载的思想政治教育功能，融入课堂教学各环节，实现思想政治教育与知识体系教育的有机统一。"[3]2018年10月，教育部印发《关于加快建设高水平本科教育全面提高人才培养能力的意见》中提出了"新时代高教40条"，其中对高校要把思想政治教育贯穿高水平本科教育全过程做了进一步重申，提出"高校要围绕全面提高人才培养能

　　〔1〕 中共中央国务院印发《关于加强和改进新形势下高校思想政治工作的意见》[N].人民日报,2017-02-28(2).

　　〔2〕 张烁,鞠鹏.把思想政治工作贯穿教育教学全过程　开创我国高等教育事业发展新局面[N].人民日报,2016-12-09(1).

　　〔3〕 中共教育部党组.高校思想政治工作质量提升工程实施纲要;教党〔2017〕62号[Z].

力这个核心点,加快形成高水平人才培养体系,提升思政工作质量,强化课程思政和专业思政"[1]。2020 年 6 月,教育部印发《高等学校课程思政建设指导纲要》(以下简称《纲要》)中提出坚持"四个相统一"推进建设,根据不同学科专业特点明确了资源共享、深入研究、名师表率等方面要求。《纲要》提出,课程思政建设要在所有高校、所有学科专业全面推进,围绕全面提高人才培养能力这一核心点,围绕政治认同、家国情怀、文化素养、宪法法治意识、道德修养等重点优化课程思政内容供给,提升教师开展课程思政建设的意识和能力,系统进行中国特色社会主义和中国梦教育、社会主义核心价值观教育、法治教育、劳动教育、心理健康教育、中华优秀传统文化教育,坚定学生理想信念,切实提升立德树人的成效。《纲要》对推进高校课程思政建设进行了整体设计:一是强调要科学设计课程思政教学体系;二是结合学科专业特点分类推进课程思政建设;三是推动课程思政全程融入课堂教学建设;四是着力提升专业教师的课程思政建设能力;五是完善课程思政建设评价激励机制。《纲要》不仅在政策上明确了新时代高校课程思政建设的重要意义,还在行动上为课程思政建设与改革提供了顶层设计和方法论指导。

三、拓展教学价值的教改背景

任何教育活动都不可能回避价值问题。历史上,每当社会发生重大转型时,人们对教育的批判往往是从价值批判开始,从重新认识教育的价值和目的开始,并且以此为依据和出发点,再对现实的教育活动做出更具体的评析,提出新的原则、方案乃至方式方法。[2] 从实践的角度看,教育活动的价值,往往靠教学价值得到体现。但是长期以来,教学的价值往往被局限在知识的掌握之上,其更宽广的育人价值没有得到充分彰显。近年来,在课程教学改革的价值重塑中,如何拓展教学的育人价值越来越成为一种流行的研究领域,其中最受关注的研究结论是:当前,我国教育体系中课堂教学的价值观需要从单纯传递教科书上的现成知识,转变为培养能在社会中全面发展的时代新人。

学科教学育人价值的转型和拓展,为思考高等教育中课程思政的建设与改革提供了新的视角。从某种程度上说,课程思政建设与改革,正是拓展

〔1〕 张晨,李澈.教育部印发"新时代高教 40 条"[N].中国教育报,2018-10-18(1).
〔2〕 叶澜.重建课堂教学价值观[J].教育研究,2002,23(5):3-7,16.

学科育人价值的一种重要体现。近两年,上海高校从单一的思政课程育人向全方位的所有课程育人转化,实现综合素养课、思想政治理论课、专业教育课有机融合,让所有课程都融入思政元素,使所有教师都能成为思政教育的弘扬者,由此产生了课程思政。

(一)课程思政适应高等教育课程建设与改革

自召开全国高校思想政治工作会议以来,各高校纷纷响应党和国家号召,积极开展课程思政方面的建设和探索,把各类课程中的思政元素和思政教育紧密结合起来,充分发挥了各类课程在思政教育中的重要作用。可以说,思政课程向课程思政的转化,是新时代高校思想政治教育工作的必然趋势。

为了推动教育本身的发展和实现培育时代新人的教育目标,课程改革和课程建设势在必行。课程改革应改变授课过于注重知识传授的问题,加强培养学生形成积极主动的学习态度,使获得知识与技能的过程转化为主动学习和形成正确价值观的过程。课程建设的培养目标是使学生成为具有爱国主义精神、社会责任感、社会主义民主法治意识、创新精神的有文化、有道德、有理想、有纪律的新时代中国特色社会主义接班人。课程思政在手段、内涵与目标方面和课程改革以及课程建设紧密相关,将思政教育寓于所有课程体系中,倡导新的教学方法和教育理念是课程思政建设的时代需要。

(二)课程思政推动高校师生成长和发展

传统的思政教育模式,让思政教师和专业课教师在课程教学中缺少交集,造成了思政教育与专业教育互相独立的问题,这不仅导致学生无法"又红又专",还让思政教师和专业教师长期被限制在各自学科领域内,缺少必要的交流和沟通。思政教师往往对专业知识知之甚少,专业教师对思想政治教育缺少全面认识。教书育人是全方位的,课程思政建设恰到好处地弥补了传统思政教育的不足,提供了促进思政课教师和专业课教师相互学习并实现自身发展的平台。

课程思政建设与改革的最终受益者是学生。所有课程在落实高校立德树人根本任务上是一致的,都要和思政课程一道,心往一处想,劲往一处使,形成课程育人合力。学校教育、育人为本,德智体美劳、德育为先。[1] 课程思政的理念得到落实之后,能够从很大程度上弥补各学科实践层面育人合力作用小,部分专业课还对思政课程有一定稀释、消解作用的缺陷,建构完整的育人共同体,促进学生德智体美劳全面发展。

四、探索育人变革的学校背景

新时代的教育目标是立德树人。在立德树人视域下,高校注重培养德智体美劳全面发展的时代青年。大学时期作为青年学生世界观、人生观、价值观塑造的重要阶段,也是学习专业知识和业务技能的主要时期,更是学生走向社会前的准备阶段。育人先育德,"德"是一个人的立身之本。高校肩负着培养社会主义建设者和接班人的历史使命,要将德育放在首要的位置,使学校、家庭、社会形成教育合力,让德育的层面更深更广,提高学生的审美情趣,发展健康个性,形成健全人格。

党和国家高度重视思政工作,先后召开全国高校思想政治工作会议、全国教育大会以及全国学校思想政治理论课教师座谈会等重要会议。新时期党和国家对高校思政工作提出全新的要求和全新的任务,全国各高校相继掀起了课程思政改革的热潮。

(一)高校课程思政建设与改革的尝试

自 2014 年起,上海相继印发并执行《上海市教育综合改革方案(2014—2020 年)》《上海高校课程思政教育教学体系建设专项计划》,相继推出了"大国方略""创新中国"等一批"中国系列"课程,让传统的思想政治理论课焕发新的生机和活力,细化隐性思政,积极探索从"思政课程"到"课程思政"的转变。"中国系列"课程一校一特色,上海着重在 12 所大学和 50 多门课程进行试点思政教学实验,以思想政治理论必修课为核心、"中国系列"选修课为支撑、专业课为辐射,共同实现"课程思政"育人。

2017 年,湖北省着力推进"五个思政"工作,调研和督查高校思想政治工作"五级五类",提出要深挖专业课程的育人功能,推广武汉大学"六位院

---

[1] 赵继伟."课程思政":涵义、理念、问题与对策[J].湖北经济学院学报,2019,17(2):114-119.

士同上一门课"的经验。北京联合大学的二级学院制定了课程思政实施细则,大部分专业重新修订了人才培养方案和教学大纲。[1] 除此之外,南方医科大学已有 100 多门课程开展了课程思政改革。例如《人体解剖学》第一节课会举行开课仪式,警示学生在学习过程中应保持对生命的敬畏和尊重;南昌大学开设线上战"疫"主题"中国战'疫'大思政"课程,激发全校师生责任担当,深入推进爱国主义教育;西北民族大学提出"三个 100"课程思政建设工程实施方案,培育 100 门思政元素显著的精品专业课程,打造 100 个课程思政示范课堂,选树 100 名课程思政优秀教师。

西安交通大学的化解疫情危机为推进"课程思政"建设的契机,结合课程特点将疫情防控、爱国情怀、生命教育等课程思政元素有机融入课堂教学中。院士领衔主讲开展爱国主义教育,以在线教学为契机创新课程思政教学模式。在提升课程思政教育感染力和影响力的契机下,北京部分高校的书记、校长齐上阵,带头组建疫情防控宣传队。北京理工大学组织专业课教师、思政课教师、辅导员骨干共同录制疫情防控专题"思政领航课",引导学生理解、支持疫情防控工作。

"高校所有课程都具有育人功能,所有教师都负有育人职责。"复旦大学全面推进课程思政建设。从"思政课程"到"课程思政"的转换,为课程育人开辟出新路径,也给教育者带来了压力与挑战。目前,复旦大学在建示范课程 412 门,课程思政覆盖所有院系专业课程;已建专业思政试点 18 个,专业思政覆盖所有哲学社会科学院系,同时向理工科专业快速推进。

首都经济贸易大学形成了"课程思政育人"氛围。2020 年底,该校出台了 4 个文件,为"三全育人"综合改革和深化课程思政建设绘制了路线图。2021 年 6 月,学校将之前每年举办的"教学基本功大赛"改名为"课程思政教学设计大赛"。同样都是教学比赛,但名称的变化,体现的却是一场教学理念的重大变革。此外,学校还成立课程思政研究中心,并组织专家深入院系,就"课程思政是什么、为什么、怎么干、怎么看"以及教师重点关注的问题进行宣讲、辅导和答疑,不断提升课程思政的针对性和精准性。同时,该校进行人才培养方案、教学大纲和教材的改革时,在改革中融入思政要求;在项目申报、岗位聘任、考核评价等方面支持、引导教师开展课程思政的教学改革;通过选树榜样教师和教学团队,评选最美课堂等方式,建立课程思政建设的长效制度和有效机制,广泛动员全校教师自觉将思政教育元素融入

---

〔1〕 董城.北京联合大学:将"课程思政"浸润到每个细节[N].光明日报,2018-12-25(1).

专业课教学之中。[1]

(二)浙江外国语学院课程思政建设与改革的创新

笔者所在的学校——浙江外国语学院是一所以外国语言文学为基础的公立省属普通本科高校。学校前身为创建于 1955 年的浙江教育学院,1994年开始开展普通本科教育,2010 年经教育部批准改制并更名为"浙江外国语学院"。校训为"明德弘毅,博雅通达"。2018 年 8 月,学校顺利通过教育部本科教学工作合格评估,办学进入新的历史时期。学校以培养德智体美劳全面发展的具有家国情怀、国际视野的高素质应用型人才为特色。

为全面推进习近平新时代中国特色社会主义思想进教材、进课堂、进头脑,切实落实党的十九大、全国全省教育大会和高校思想政治工作会议精神,围绕立德树人根本任务,打造特色化育人工作和思政教育品牌,深入推进学校思政课程建设和课程思政改革,2017 年 3 月起,浙江外国语学院党委在全国教育系统中率先组织开展了"青年学子学青年习近平"主题教育活动。

活动总体思路是,将学习教育作为一条主线贯穿学校立德树人全过程,突出教师和学生两大群体,统筹课堂教学、校园文化和实践育人三大渠道,引导广大青年学子学、思、践、悟青年习近平矢志不渝的理想信念、爱国为民的家国情怀、勤奋好学的进取精神、吃苦耐劳的优秀品格,推进学习教育与育人、党建、文化、实践和创新创业相融合,在坚定理想、信念,厚植爱国主义情怀,加强品德修养,增长知识、见识,培养奋斗精神,增强综合素质上下功夫,引导青年学子爱国、励志、求真、力行。

1.统筹推进课程育人

充分发挥课堂教学主渠道作用,将习近平的七年知青岁月所蕴含的思政元素融入课堂教学。深化思想政治理论课改革,围绕学习教育的要求和课程育人体系的打造,编撰《"青年学子学青年习近平"学习教育教材》,建设精品在线开放课程《"青年学子学青年习近平"专题教学》,建成了 15 个学习教育实践基地并开展暑期社会实践活动,修订人才培养方案,专门设置了有两个学分的学习教育必修课程,全面构建起了"一部教材,一门在线开放课程,一次相关实践,两个学分认定"的"1112 理论+实践"教学体系。把青年习近平的优秀品质融入专业课教学之中,使各类课程与思想政治理论课同

〔1〕 梁国胜.课程思政没有终点[N].中国青年报,2021-11-01(3).

向同行,形成协同效应。加强研究阐释,深化"青年学子学青年习近平"学习教育专项课题;注重考察调研,开展实证研究,将理论与实践相结合,推进学习教育入脑入心。

2.扎实推动实践育人

加强实践育人基地建设,扎实推进"百校联百镇"活动,我校挂牌成立了15个学习教育实践基地。实施"一课一品"实践教学模式,强化思政理论课实践教学,出版《探美浙江——浙江外国语学院思想政治理论课实践教学成果汇编》,深化思政理论课实践教学的改革与创新。组建"青年学子学青年习近平"主题暑期社会实践队伍,立项了84支校级团队。深化实施"浙外-延川教育扶智"计划,开展扶贫结对和延川送教活动。设立专门课题,开展跟踪调查研究,有针对性地开展相关活动,促进学生更好地成长成才。

3.深入实施文化育人

推进青年习近平优秀品质与"明德弘毅,博雅通达"的校训精神深度融通,将校训精神转化为师生的行为方式,内化于心、外化于行、固化于制。组织开展"万人共读一本书"活动,举办学习教育成果展,《习近平七年知青岁月》导读会暨2019级学生"和山立志"铭志仪式。组织"百场读书会,千人谈体会"活动,形成班班有内容、人人谈体会的良好局面。培育校园文化品牌,开展两次校园文化精品项目评选,评选和培育出多个校园文化精品项目和扶植项目。创新文化活动形式,举办传统文化节、国际文化节,开展庆祝中华人民共和国成立70周年、"五四"表彰会、"国旗下的演讲"等群众性主题宣传教育活动,涵养家国情怀,开拓国际视野,探索校园文化发展新路径。推动开展"高雅艺术进校园""非遗文化进校园"等形式多样的文化活动,打造具有特色的多元、高雅、现代的校园文化。深化文明校园建设,组织开展丰富多彩的文明教育活动。

经过四年多的实践,"青年学子学青年习近平"学习教育已经成为浙江外国语学院铸魂育人、立德树人重要平台,也是学校持续打造的思政教育品牌、"三全育人"品牌和课程思政改革品牌。其成效体现在四个方面。

第一,聚焦思想引领,深入学习青年习近平矢志不渝的理想信念,引导青年学子坚定"四个自信",明确前进的方向。学习教育坚定了学生的理想信念,刚入学的新生听完青年习近平故事后,第一时间表达了向党组织靠拢的决心,纷纷向党组织提交入党申请书。近年来,新生提交入党申请书的比例较往年有大幅提升。学习教育增强了青年学子的中国自信,带着这种自信,学子们在俄罗斯、葡萄牙、德国等国家的高校和中小学开展了10余次

"讲中国故事"系列活动,加深外国青年学生对中国的了解。

第二,聚焦梦想引领,深入学习青年习近平爱国为民的家国情怀,引导青年学子用青春梦托起中国梦,实现青春逐梦的抱负。学习教育厚植了师生的家国情怀,给青年学子注入了极大的青春能量。近年来,随着党史学习教育的开展,我校师生报名援疆、援藏,"三支一扶"项目,"西部计划"项目,参军入伍的数量持续增加,越来越多的浙外学子主动到祖国需要的地方奉献青春力量。

第三,聚焦榜样引领,深入学习青年习近平勤奋好学的进取精神,引导青年学子砥砺奋进,走在前列,厚实青春奋斗的底色。学习教育激励着青年学子奋斗拼搏,回报社会。2017—2019 年,6000 余名学生参与了 50 余项国际志愿服务,世界互联网大会、世界游泳锦标赛等重大会议和赛事活动中,都活跃着我校国际志愿者的身影。他们的专业能力和敬业精神多次受到印尼、墨西哥等国家元首的来信称赞。

第四,聚焦价值引领,深入学习青年习近平吃苦耐劳的优秀品格,引导青年学子践行社会主义核心价值观,积蓄青春搏击的能量。学习教育鼓舞着青年学子不畏严寒酷暑,深入山区海岛,奋力探索实践。青年学子积极围绕"最多跑一次"改革、"绿水青山就是金山银山"等开展专项调研,形成数十万字的调研报告,是用实际行动投身浙江现代化建设的生动实践。

学习教育活动引发了广泛社会关注。2017 年 4 月 30 日,时任浙江省委书记车俊对学习教育活动作出重要批示,充分肯定学习教育的重大意义;2017 年 6 月,时任中央政治局常委刘云山同志,时任中央政治局委员、副总理刘延东同志分别对学习教育做出指示和肯定;2017 年 6 月 14 日,中央党校主办的《学习时报》头版用整版的篇幅报道我校党委书记宣勇专访,并以"当代青年成长成才的鲜活教材"为题,专题报道学习教育开展情况;2017 年 8 月 20 日,我校党委书记宣勇作为全国高校唯一代表,应邀参加中央党校《习近平的七年知青岁月》出版座谈会,并作主题发言。中国教育报、光明日报《教育家》杂志社等媒体多次对学习教育进行了深度报道。中组部主办的《组工信息》2019 年第 79 期以全刊四分之一的篇幅介绍了我校学习教育情况,并给予充分肯定。

从课程思政改革的角度看,浙江外国语学院所进行的探索,能够形成三个维度的实践启示:其一,推动课程思政改革,必须有一条贯穿其中的主线,有相应的载体作为支撑,只有如此才能彰显学校在高水平人才培养体系建设中的独特思考;其二,只有从课程建设的高度统筹协调各类资源,实现四个课堂有机联动,才能让思政教育真正融入学校整体改革发展,深入师生头脑,并在实践中取得良好成效;其三,总书记在七年知青岁月中展现出来的良好精神品质值得大学生终身学习,具有极为重要的教育价值,应从课程建设和育人体系改革的角度进一步挖掘。

第二章
新时代高校课程思政建设研究梳理

    文献研究法是一种以证据为基础的实证教育研究方法，[1]尽管这能否作为一种独立存在的研究方法还存在争议，但是文献研究作为一项系统、正规的研究开始之前所必须经历的重要阶段，其对于推动研究进程的重要性已经获得广泛认可。对于研究而言，"通过文献资料研究，可以获得新论据，找到新视角、发现新问题、提出新观点、形成新认识"[2]。也正因为如此，文献研究法在哲学社会科学领域的运用日趋广泛，国际著名的《教育心理学》期刊的编辑居尔·勒温和黑姆·马歇尔认为，如果想要使得自己的研究有实际性的贡献，必须把它建立在该领域充分翔实的知识基础之上，这也充分说明了文献研究的价值。

    自召开全国高校思想政治工作会议以来，高校课程思政随着教育界对高校思想政治教育的高度重视而受到广泛关注，并成为学者研究的热点和相关政府机构关注的焦点。学术界围绕这一热门话题展开了一系列研究，并取得了丰富的成果。对这些研究成果的梳理和分析，有助于整体上把握课程思政研究的基础和趋势，并为设计具有创新价值的高校课程思政变革之路提供参考。

    [1] 肖军.教育研究中的文献法：争论、属性及价值[J].当代教育理论与实践,2018,10(4)：152-156.

    [2] 杜晓利.富有生命力的文献研究法[J].上海教育科研,2013(10)：1.

一、高校课程思政研究的文献综述

要系统全面地探究高校课程思政研究的现状,就要对课程思政方面的已有研究进行全面梳理。通过广泛查阅资料,归纳总结,本部分主要围绕"课程思政"的内涵、"课程思政"与"思政课程"的关系、高校课程思政建设的现状、高校课程思政建设的重要意义、高校课程思政建设的实施路径等五方面展开。

(一)"课程思政"的内涵

关于"课程思政"的内涵,大部分学者认为"课程思政"是在高校思政课程外的课程中融入思政元素,实现知识传授和思想价值引领的统一。刘承功认为,"课程思政"承载了一种思想教育责任,是在思政教育全面改革的基础上融入了各种专业知识、意识、品质、人格等导向性的思政元素,来促进学生德育、科学知识全面提升的一种教学新方式。[1] 成桂英、王继平则认为"课程思政"有广义和狭义之分,广义的"课程思政"是对原有高校思政课程的拓展,除专门的思政课外,综合素养课和专业教育课同样是思想政治教育的重要载体;狭义的"课程思政"是指高校将思想政治教育融入综合素养课和专业教育课的教学之中。[2] 赵鹤玲从新时代的视角出发进行分析,认为"课程思政"是将立德树人视为教育基本任务的综合教育理念,是一项系统工程,是新时代我们党对高校人才培养和思想政治教育的新举措、新改革和新方向。它回应了"培养什么样的人、如何培养人以及为谁培养人"的根本问题。[3] 关于"课程思政"的本质,国内学者的观点基本上趋于一致。王学俭、石岩认为,"课程思政"的理念是协同育人,其本质是立德树人。[4] 高德毅、宗爱东认为,"课程思政"是将高校思想政治教育融入课程教学和改革

---

〔1〕 刘承功.高校深入推进"课程思政"的若干思考[J].思想理论教育,2018(6):62-67.

〔2〕 成桂英,王继平.课程思政是提高高校教师思想政治工作实效性的有力抓手[J].思想理论教育导刊,2019(8):142-146.

〔3〕 赵鹤玲.新时代高校"课程思政"建设的现状及对策分析[J].湖北师范大学学报(哲学社会科学版),2020,40(1):108-110.

〔4〕 王学俭,石岩.新时代课程思政的内涵、特点、难点及应对策略[J].新疆师范大学学报(哲学社会科学版),2020,41(2):50-58.

中,从而实现立德树人、润物无声的目标,而不是单纯地增设一门课程或活动。[1] 石书臣则认为,"课程思政"本质上是一种课程模式,相比之前的德育教学更加立体。[2] 结合育人目标和课程建设的内在要求来看,邱开金认为课程的育人功能和价值取向鲜明,始终渗透和贯穿着思政教育,其特点是以课程为载体,以思政教育为灵魂。[3] 闵辉认为,"课程思政"作为高校思想政治教育教学改革的内在要求,其核心在于挖掘不同学科和专业课程的思想政治教育资源,建立全学科、全方位、全功效的课程体系。[4]

(二)"课程思政"与"思政课程"的关系

在"课程思政"与"思政课程"的异同点上,赵继伟认为两者在角色上存在差别,前者是学生思想政治教育的骨干与根底,而后者是载体与形式;两者在实践方式上也存在差别,前者以显性为主,而后者以隐性为主,显隐结合。尽管如此,两者仍然都具有思想政治教育功能。[5] 石书臣认为,两者具有本质联系,在任务和目标上具有共同性,在方向和功能上具有一致性,在内容和要求上具有契合性;但在思政内容、课程地位、课程特点和思想政治教育优势方面又有不同侧重。[6] 邱开金认为,"思政课程"是思想政治理论教育的课程体系,而"课程思政"则是教学体系。在"课程思政"与"思政课程"的关系问题上,大多数学者认为两者关系紧密,总体上同向同行,各有侧重。陈艳从交叉融合的内在逻辑方面进行论述,一方面,两者是同向同行的;另一方面,两者又有显性与隐性的关系,旨在形成协同效应。[7] 朱飞指出,"课程思政"是对既往思想政治教育路径的优化,与"思政课程"互相补充,虽然表现形式不同,但所追求的目标和肩负的使命是统一的。[8] 在如何利用"课程思政"与"思政课程"同向同行关系的问题上,学者们从不同角

---

〔1〕 高德毅,宗爱东.从思政课程到课程思政:从战略高度构建高校思想政治教育课程体系[J].中国高等教育,2017(1):43-46.

〔2〕 石书臣.正确把握"课程思政"与思政课程的关系[J].思想理论教育,2018(11):57-61.

〔3〕 邱开金.从思政课程到课程思政,路该怎样走[N].中国教育报,2017-03-21(10).

〔4〕 闵辉.课程思政与高校哲学社会科学育人功能[J].思想理论教育,2017(7):21-25.

〔5〕 赵继伟.关于"思政课程"与"课程思政"辩证关系的思考[J].思想政治课研究,2018(5):51-55.

〔6〕 石书臣.正确把握"课程思政"与思政课程的关系[J].思想理论教育,2018(11):57-61.

〔7〕 陈艳.论高职院校"思政课程"与"课程思政"的交互融合[J].思想理论教育导刊,2018(12):110-112.

〔8〕 朱飞.高校课程思政的价值澄明与进路选择[J].思想理论教育,2019(8):67-72.

度展开了研究。高锡文强调了"课程思政"与"思政课程"的互动性,对思想政治理论课与其他专业课程的协同育人机制进行了探索。[1] 邱仁富强调要明确两者同向同行的定位,通过建设核心课程,不断发挥"思政课程"的同向同行运行机制。[2]

(三)高校课程思政建设的现状

从高校课程思政建设存在的问题来看,杨建超指出,高校推进课程思政改革的意识水平还有待提升,机制还有待进一步健全。[3] 柳逸青等人对高校专业课程与思政教育的融合情况进行梳理,认为"课程思政"要重点解决在高校课程定位上形成的认同问题、实施目标的一致性问题和绩效考评问题。[4] 王学俭、石岩从新时代视角进行分析,提出课程思政在专业知识与思政教育的融合、发挥教师融合的纽带作用、协同育人机制的完善与建构等方面存在难度。[5] 马丽欣、李丽昕在对财经类课程进行调研后,认为在财经专业推行"课程思政"建设的难点和问题在于课程设计、课程教学方式、创新多样式以及与专业课程的目标融合。[6]

从高校课程思政建设存在问题的原因来看,王瑶指出,现有的以学科为基础的思政教学模式造成思政教师在高校体系中的力量相对单一、分散,是高校课程思政建设的负面因素。[7] 李权国等人结合高校地理专业的学科特点进行分析,认为国情教育、爱国主义教育、可持续发展教育、辩证唯物主义教育、构建人类命运共同体、审美教育、法治教育、理论联系实践等方面的

---

〔1〕 高锡文.基于协同育人的高校课程思政工作模式研究——以上海高校改革实践为例[J].学校党建与思想教育,2017(24):16-18.

〔2〕 邱仁富."课程思政"与"思政课程"同向同行的理论阐释[J].思想教育研究,2018(4):109-113.

〔3〕 杨建超.协同育人理念下高校"课程思政"改革的理性审视[J].南通大学学报(社会科学版),2019,35(6):121-128.

〔4〕 柳逸青,王鑫,刘晓等.高校专业课程中融入思想政治教育的难点剖析与路径探索[J].高教学刊,2018(6):141-143,146.

〔5〕 王学俭,石岩.新时代课程思政的内涵、特点、难点及应对策略[J].新疆师范大学学报(哲学社会科学版),2020,41(2):50-58.

〔6〕 马丽欣,李丽昕.高校财经法律类"课程思政"建设探讨[J].现代商贸工业,2020,41(6):156-158.

〔7〕 王瑶.高校多学科协同思想政治教育研究[D].长春:吉林大学,2018.

建设滞后,阻碍了课程思政的发展。[1] 陆道坤从课程的视角进行分析,认为缺乏系统的长久规划、专业的师资队伍、科学合理的评价体系制度、课程间的有效分工协作是制约高校课程思政建设的重要原因。[2]

(四)高校课程思政建设的重要意义

从宏观层面来看,高校课程思政建设是新时代建设中国特色社会主义现代化强国战略的需要,是新时代落实高校立德树人根本任务的需要,也是新时代强化高校思想政治教育工作的需要。[3] 王飞提出,课程思政是实现新时代中国特色社会主义现代化强国梦的需要,是建设中国特色、世界一流大学的需要,是实现新时代高等教育高质量发展的需要。[4]

从微观层面来看,课程思政是高校教育理念变革的需要,是高校隐性思政教育理念发展的必然,也是思想政治教育内在本质要求。[5] 陈锡喜认为,高校课程思政建设是为了提升大规模人才的综合素质,也是为了弥补当下思想政治理论和哲学社会科学类课程各自存在的薄弱环节,尤其是两者在教育教学理念上存在的反差。[6] 刘鹤等人也认为,课程思政是中国特色社会主义大学特征的重要内容,是保障"全员全过程全方位育人"的必然选择。[7] 韩宪洲从发展维度、理论维度、实践维度入手,提出课程思政是教书育人的深化拓展,是教育理念的时代发展,是立德树人的根本举措。[8]

从价值引领层面来看,课程思政应发挥价值引领的作用,通过不断深入

---

〔1〕 李权国,张弢,文力等.高校地理科学专业"课程思政"与德育价值研究[J].中国地质教育,2020,29(1):54-56.

〔2〕 陆道坤.课程思政推行中若干核心问题及解决思路——基于专业课程思政的探讨[J].思想理论教育,2018(3):64-69.

〔3〕 杨建超.协同育人理念下高校"课程思政"改革的理性审视[J].南通大学学报(社会科学版),2019,35(6):121-128.

〔4〕 王飞.课程思政教学改革及其实施策略[J].教育现代化,2018,5(41):1-4.

〔5〕 何红娟."思政课程"到"课程思政"发展的内在逻辑及建构策略[J].思想政治教育研究,2017,33(5):60-64.

〔6〕 陈锡喜.高校哲学社会科学类课程与思想政治理论课"同向同行"的必要性和可行路径[J].马克思主义理论学科研究,2017(1):154-163.

〔7〕 刘鹤,石瑛,金祥雷.课程思政建设的理性内涵与实施路径[J].中国大学教学,2019(3):59-62.

〔8〕 韩宪洲.以"课程思政"推进中国特色社会主义一流大学建设[J].中国高等教育,2018(23):4-6.

学生的内心,促进学生思想政治素养提升。[1] 肖香龙、朱珠认为,课程思政有德行、人文素养以及价值引领的魅力。[2]

(五)高校课程思政建设的实施路径

为实现立德树人的根本任务,专家学者从不同角度探索了高校课程思政建设的实施路径。部分学者认为应构建协同育人机制,如高锡文在总结上海高校课程思政工作模式的基础上,强调要建立思政课程显性教育与其他课程隐性教育协同育人的工作理念,要打造思政课教师与其他课教师全方位的协同育人主体。[3] 在推进高校课程思政改革方面,成桂英、王继平认为加强教师课程思政绩效考核是发挥专业课教师课程育人主体作用的有力抓手,是课程思政教学管理和改革的"牛鼻子"。[4] 部分学者提出推进课程思政建设应具有制度保障,如邱伟光认为,课程思政重在建设,教材是基础,教师是关键,资源挖掘是先决条件,制度建设是根本保障。[5] 从教师教育教学的角度出发,闵辉认为应"加强教材体系建设,制定明确的教学指南,改进课堂教学方式方法,不断提升专业教师素养"[6]。燕连福、温海霞认为,要进一步强化教师的育人责任,提高教师的思想政治素质,构建以"课程思政"为主的立体化教学体系,搭建教师协同育人的机制和平台。[7]

专家学者还从各类专业课程的教学改革入手进行研究。陆道坤认为课程思政的设计、专业课教师政治素养和教育能力、专业课程思想政治的评价体系、专业课程教育与思想政治理论课的关系是关键因素。[8] 成桂英提出三个"着力":着力提升专业课教师的课程思政素养和能力;着力深入挖掘专

〔1〕 刘承功.高校深入推进"课程思政"的若干思考[J].思想理论教育,2018(6):62-67.

〔2〕 肖香龙,朱珠."大思政"格局下课程思政的探索与实践[J].思想理论教育导刊,2018(10):133-135.

〔3〕 高锡文.基于协同育人的高校课程思政工作模式研究——以上海高校改革实践为例[J].学校党建与思想教育,2017(24):16-18.

〔4〕 成桂英,王继平.教师"课程思政"绩效考核的原则和关注点[J].思想理论教育,2019(1):79-83.

〔5〕 邱伟光.课程思政的价值意蕴与生成路径[J].思想理论教育,2017(7):10-14.

〔6〕 闵辉.课程思政与高校哲学社会科学育人功能[J].思想理论教育,2017(7):21-25.

〔7〕 燕连福,温海霞.高校各类课程与思政课同向同行育人的问题及对策[J].高校辅导员,2017(4):13-19.

〔8〕 陆道坤.课程思政推行中若干核心问题及解决思路——基于专业课程思政的探讨[J].思想理论教育.2018(3):64-69.

业课蕴含的思政元素;着力解决"思政"与"专业"有机融合的难题。[1] 王瑾娟结合高校"大学语文"教学实践探讨思政教育的可实施性,建议根据教学大纲进行模块教学,引导教师结合实际将"大学语文"融入思想政治教育中。[2] 陈霁霞、曹深艳从英语专业探索课程思政实施过程中的思想教育方式、语言能力和职业素养三方面的融会贯通。[3] 张帆涛等人对"细胞生物学"的专业知识进行分析,认为应将思想政治教育内容与专业知识相结合,润物细无声般地达到思想政治教育的目的。[4] 陈慧梅等人则探讨了"药物化学"教学实践中的课程目标设计,建议从教学内容和师生课堂互动上推进德育。[5]

二、基于文献分析形成的问题梳理

梳理总结当前学术界对高校课程思政方面的相关研究,在充分借鉴当前研究的成果的基础上,再审视课程思政研究的不足之处,对后续的研究更有参考价值。

(一)对课程思政改革的实证研究滞后

目前,学术界在课程思政方面的著作并不多,硕士、博士的相关论文还比较少。当前处于初步研究时期,大多数学者对高校课程思政建设的研究多侧重于理论分析,且不够深入,如在高校课程思政建设面临的现实困境方面缺乏实证研究,因此研究成果对于推进高校课程思政建设是否有具体操作上的借鉴意义还有待进一步证实。对实证研究的深入探讨,有助于提升大学生群体的思想政治水平和应对各种不确定性风险的能力,同时对于新

---

[1] 成桂英.推动"课程思政"教学改革的三个着力点[J].思想理论教育导刊,2018(9):67-70.

[2] 王瑾娟.高职院校大学语文课程思政教育的有效途径[J].文学教育(下半月),2020(1):72-73.

[3] 陈霁霞,曹深艳."课程思政"视阈下"基础英语"课程三维功能融通研究[J].科教文汇(中旬刊),2018(4):178-179.

[4] 张帆涛,蔡险峰,陈雅玲等.例谈《细胞生物学》课程思政教育教学实施策略[J].教育现代化,2019(43):56-57,60.

[5] 陈慧梅,周惠燕,徐蓓华等.《药物化学》教学中"课程思政"教育的探索与实践[J].时代教育,2018(13):181-182.

时代下高校思想政治教育工作更具有参考意义和借鉴价值。

（二）对课程思政整体的研究方式单一

通过对相关高校课程思政研究方面文献进行梳理发现，当前课程思政研究的重心侧重于梳理高校课程思政建设的内涵研究、课程思政建设中存在的问题、课程思政建设中遇到的困难等方面。在研究过程中，大部分研究者倾向采用描述性分析和归纳演绎的方式对高校课程思政进行探析，针对在高校课程思政建设中存在的问题及对策进行问卷调查等量化研究的还比较少。后续研究应在充分借鉴已有研究的基础上，更多地从实证的角度搭建研究框架，梳理课程思政的研究重点、内容和思路。后续研究可通过设计高校课程思政建设访谈方案、访谈问题、调查问卷，选择有代表性的访谈对象和问卷对象，并通过制定周密的调研计划，获取有效的调研数据，以调研获得的实证数据支撑高校课程思政往更深入的纵深拓展。通过多种研究方式获得更翔实的研究成果，这些研究成果可以为加强和改进高校课程思政建设，特别是为高校思想政治教育工作提供更多的支撑和参考。

（三）对课程思政诸要素关系的梳理不足

高校思想政治教育工作是建设中国特色社会主义必不可少的关键环节，它用先进的思想观念、政治观点、道德规范，通过组织相关的教学实践活动来培养大学生群体的政治觉悟和道德修养，是培养社会主义建设者和接班人的必然要求和重要举措。课程思政就是高校在思政课程之外的课程即通识教育课和专业教育课教学中融入思想政治教育元素，实现知识传授与价值引领的统一，但是当前研究对二者的关系还缺少必要的论证。比如缺少对"课程思政"与"思政课程"的联系及区别的基础研究，导致后续的深入研究缺乏支撑。又如对"课程思政"与"课程育人""教书育人"等概念的厘清和关系梳理不足，从而以育人角度构建高校课程思政的实践路径的研究较少，缺乏对教育本质——人的探讨。

（四）对课程思政改革的路径设计针对性不强

成长于互联网时代的大学生，接触的信息面比较广，伴随着多元思潮文化的碰撞，他们面临着多元价值观的思辨挑战。课程思政作为大学生思想政治教育的重要阵地,立足于马克思主义理论,对高校大学生进行社会主义核心价值观教育,从而使大学生树立起正确的世界观、人生观、价值观。当前,部分高校对课程思政进行的探索和尝试取得了一些成绩,但是在顶层设计和整体规划、主体之间的协同、课程建设的合力、教育环境的影响、教学内容的设计等方面的建设还相对薄弱,从而出现了教学效果不同、教学改革动力不足、学生缺乏认同感等结果。学术界在推进高校课程思政建设的研究中,大部分路径探究仍以论述为主,且角度过于宏观,很少有具体针对某方面做深入研究并探求符合实际的解决办法,具有推广性和指导意义的具体的操作性研究还不够多。

党的十九届四中全会进一步强调,要加强和改进学校思想政治教育,建立全员、全程、全方位育人体制机制。这是高校思想政治工作指引性目标,也是布置给高校党委及所有教师的重大时代课题。完成这一课题需要教育部门和高校长远规划,也需要思政研究者在充分总结当前研究的基础上,协同作战,精心部署,充分设计,继续拓展课程思政研究的广度和深度。

第三章

新时代高校课程思政建设的理论框架

　　高校课程思政建设与改革是一项系统工程，也是一项艰巨而现实的教育研究命题。一般而言，教育研究有两个向度：一是针对教育学科本身，对教育、教育学的一般概念、原理的认识及超越，这是教育研究的理论向度；二是面向教育实践，对教育现象、教育问题的解释和决断，这是教育研究的实践向度。这两个向度在研究的不同层面分别诠释了教育的不同问题，促使教育研究在理论上更加丰富，在实践中更加深入。[1] 但是不论何种向度的研究活动，都需要遵循一定的理论模型和方法论体系，都需要形成对研究核心命题的概念认知和理性判断。从这个角度出发，要开展系统性的高校课程思政建设与改革研究，必须从课程思政基本概念的阐释入手，进而通过价值意义、理论基础、实践原则等领域的系统分析与阐释，形成课程思政建设与改革的理论框架。基于这一认识，本书在梳理课程、思政课程、课程思政等相关概念的基础上，深入探究高校课程思政的价值意义、理论基础和实施原则。

一、新时代高校课程思政的概念厘定

　　从哲学的角度看，概念是事物本质在人脑中的反映。作为人类建构逻辑和开展思维的重要方式，概念具有重要的价值：概念是思维的最小单位，只有掌握了概念才能够进行思维和推理，进而形成新的发现和判断；概念既

---

〔1〕　刘燕楠.对教育研究的再认识[J].教育理论与实践，2014(10)：11-15.

是对已有知识的总结,也是进一步认知的工具。[1] 鉴于概念本身的重要性,对高校课程思政本质内涵的研究要从其相关的概念入手,围绕相关概念详细梳理其内在逻辑关系。接下来本书将围绕课程、思政课程、课程思政及其与思政课程的关系展开论述。

(一)课程

从广义上看,课程是一种教育性经验,是对主题产生积极影响的各种因素的总和;从狭义上看,课程专指学校存在和生成的有助于学生积极健康发展的教育因素以及学生获得的教育经验。目前,国内学者们对课程概念的界定主要呈现出三种代表性观点:第一,课程是知识,课程是既定的、静态的,是外在的学习者,并且高于学习者;第二,课程是经验,课程是学生的已有经验和基于已有经验发展未来经验的载体;第三,课程是活动,课程是受教育者各种自主性活动的总和,学习者通过与活动对象的相互作用实现自身各方面的发展。随着社会和教育的发展,对课程本质的认识也在不断深化。学者们对课程的研究反映出了从物性向人性的转化,重心逐渐转移到课程在传授知识的过程中对人全面发展的引领。

(二)思政课程

思政课程是高校进行思想政治教育的重要途径,也是高校大学生思想政治教育的主渠道。具体而言,思政课程是指高校对大学生进行系统化思想政治教育的具体课程,也就是说高校思想政治理论课是一种显性教育。从狭义上看,思政课程就是高校"4+1"课程,即"马克思主义基本原理概论""毛泽东思想和中国特色社会主义概论""中国近现代史纲要""思想道德修养和法律基础"四门必修课加"形势与政策"课程。

(三)课程思政

"课程思政"这个概念提出的时间虽不长,但此概念的含义至今未形成统一的说法。高德毅教授认为,"课程思政"是指"将高校思想政治教育融入

---

[1]　吴家国.什么是概念[J].前线,1962(4):20-21.

课程教学和改革的各环节、各方面中,实现立德树人润物细无声"[1]。这得到了国内多数学者的认同。这里的"课程"是指普通高校开设的所有课程(包括公共基础课程、专业课程和通识课程),"思政"是指思想政治教育。因此,"课程思政"的含义可以概括为:在马克思主义的指导下,充分挖掘课程中的思想政治教育元素并对学生进行价值引导,最终在潜移默化中实现高校立德树人目标的教学理念。

(四)"课程思政"与"思政课程"的关系

如何把握"课程思政"与"思政课程"的关系,是高校推进课程思政建设过程中的重要问题。二者既存在内在的本质联系,又有不同侧重点,须加以区分。当前,结合习近平总书记重要讲话和课程思政落实情况,"课程思政"有了新的时代特征。因此,应在明晰二者的联系及区别后具体把握二者关系,方能更好地进行"课程思政"建设的相关研究。

1."课程思政"与"思政课程"的区别

(1)载体和侧重点不同

在课程内容方面,"思政课程"是以高校"4+1"课程等为载体的,以系统传授马克思主义世界观和方法论、中国近现代史的发展历程等思想政治教育为主,侧重于理论方面。而狭义的"课程思政"是指高校在专门的思政课之外的课程中融入"思政",以综合素养课、专业教育课和实践课为载体,除了知识传授,更侧重于价值层面的引领和个人能力的培养。

(2)角色和实践方式不同

二者在角色上存在差别,"思政课程"是高校对大学生进行思想政治教育的具体课程,是一种显性教育。"课程思政"是一种思想政治教育资源,是一种新时代教育理念,是一种隐性教育。二者在实践方式上也存在差别,前者以显性为主,而后者以隐性为主,显隐结合。[2]

(3)方式和手段不同

"思政课程"以马克思主义学院为主力军,是思想政治教育中的主阵地,具有主渠道作用。思政课教师作为大学生思想政治教育的专业力量,一般

〔1〕 高德毅,宗爱东.课程思政:有效发挥课堂育人主渠道作用的必然选择[J].思想理论教育导刊,2017(1):31-34.
〔2〕 赵继伟.关于"思政课程"与"课程思政"辩证关系的思考[J].思想政治课研究,2018(5):51-55.

通过传授马克思主义理论、毛泽东思想和时事政治等课程直接向学生传递爱国主义精神、家国情怀和社会责任。"课程思政"则强调所有学院、专业和教师的共同参与,具有能动的认同和内化作用。教师要不断增强自身素养,充分发挥课程的育人作用,通过潜移默化的形式对学生进行思想和价值引领,促使学生提升专业领域的知识水平和能力。

2."课程思政"与"思政课程"的联系

(1)任务和目标一致

思政课程是高校对大学生进行思想政治教育的核心课程,它既高举马克思主义理论旗帜,对大学生进行系统的马克思主义理论教育,又深入贯彻落实习近平新时代中国特色社会主义思想,对大学生进行社会主义核心价值观教育。课程思政同样把立德树人根本任务作为核心,具有正确的政治方向和伟大的战略意义。党的十八大首次提出"把立德树人作为教育的根本任务",表明立德树人是高校的职责所在,是课程的使命所在。习近平总书记也指出,"我国是中国共产党领导的社会主义国家,这就决定了我们的教育必须把培养社会主义建设者和接班人作为根本任务"[1],表明高等教育应通过培养社会主义建设者和接班人来服务国家发展。由此可见,"课程思政"与"思政课程"二者都担负有育人职责,都要把培养合格的社会主义建设者和接班人作为任务和目标。

(2)方向和功能一致

思想政治工作融入各科教学全过程,形成专业课程与思想政治课程同向同行的协同效应,这是新时代的要求。对于"课程思政"与"思政课程"同向同行内涵的解释,石书臣认为,"思想政治理论课的'向'就是正确的政治方向,思想政治理论课的'行'就是进行思想政治教育"[2]。因此,"课程思政"与"思政课程"二者的建设方向和功能在本质上是一致的,都是坚持社会主义办学方向,发挥育人功能,实现育人目标。

二、新时代高校课程思政的价值分析

教育教学改革作为一种社会实践活动,是在一定的价值观指导下的有

---

〔1〕　张烁,王晔.坚持中国特色社会主义教育发展道路　培养德智体美劳全面发展的社会主义建设者和接班人[N].人民日报,2018-09-11(1).

〔2〕　石书臣.同向同行:高校思想政治教育的课程着力点[J].思想理论教育,2017(7):15-20.

意识、有目的的活动。价值是人与世界交往过程中的经验累积,表达了人类相互依存关系构成的生活关系。在一定的价值关系中,由于客观世界纷繁复杂,客观事物能满足人的需要,而主体人的利益需要和认识水平又有不同,这就决定了主客体之间价值关系的多样性,[1]也意味着,应该从多样化的视角中审视课程教学改革的价值与意义。

作为习近平总书记亲自部署的一项重大工程和重大课题,高校课程思政自召开全国高校思想政治工作会议以来,迅速成为高校思想政治工作重要抓手。做好高校课程思政建设,不仅是落实习近平总书记关于高校课程思政建设的重要指示精神,还是实现新时代大学生全面发展的内在需要,提升大学生应对复杂多变的国际国内形势的能力的现实要求。

(一)促进高校教学多元价值的有机融合

在"课程思政"理念提出之前,思政课之外的综合素养课、专业教育课和实践课大多是以传授课程知识、培养学生相关实践技能为课程内容。这三类课程虽然都实现了传授知识、能力培养等基本的课程价值,但忽视了价值塑造同样是课程应传递给学生的内容。"课程思政"理念强调将价值塑造寓于知识传授和能力培养之中,发挥课程的育人价值,实现学生思想境界提升、知识及技能获取的有机统一。

1.在知识传授、能力培养之中实现价值塑造

当今世界经济全球化、信息多元化趋势加强,各国在经济、文化发展等各方面的合作交流愈加紧密。文化作为一种精神符号,能够在思想价值层面引导学生,促进学生积极践行相关价值理念,实现个人的全面发展,其价值力量同样不容忽视。优秀的文化能促进个体良好的性格和正确的思想观念的有效塑造,落后的文化则会带来不利影响。当前,深受多元化社会文化影响的大学生,虽接受过良好高等教育,但思想、心理仍处于不稳定的阶段。因此,高校需通过课程思政这一有效载体,科学合理地引导学生树立正确的世界观、价值观和人生观。

从课程思政的主要载体——综合素养课、专业教育课和实践课的课程功能来看,其知识传授功能和能力培养功能是显性的;而隐性的价值塑造功能蕴藏在课程内容之中,需要教师进一步挖掘其中的育人元素,然后借助知

---

〔1〕 袁国,贾丽彬.人的全面发展:教育改革的基本价值标准[J].教育理论与实践,2018(20):7-9.

识传授、能力培养的过程来实现。因此,"课程思政"的育人价值体现在隐含的思想价值与知识、能力的有机统一中,价值塑造是通过知识传授、能力培养实现的。

2.知识传授、能力培养在价值塑造中升华

"课程思政"的有效推进,使价值塑造、知识传授、能力培养的效果倍增。知识传授和能力培养依靠价值塑造发挥作用,又通过价值塑造不断发展。如果课程一味地追求知识的传授和能力的培养,缺少正确价值观念的引领,课程就会显得生硬、枯燥。最终就算获取了课程所要求的知识和能力,也无法发挥出真正的价值。相反,若学生得到了正确的价值引领,其学习知识和培养能力的热情将更容易被激发,知识和能力也能在价值引领的支撑下,更好地发挥作用。

(二)促进学生综合素养的全面发展

教育教学改革的价值是多元的,但是促进人的全面发展是最为核心和本质的价值。教育教学改革作为人类社会活动的重要方式之一,其直接目的就是完善教育、促进教育健康发展,形成教育发展与社会进步的良性互动,而教育的根本出发点与归宿就是培养人,促进人的发展。这样一来,教育改革的根本价值追求与人的全面发展这一社会发展的终极目标就统一起来了。一切教育改革活动只有有助于人的全面发展,成为推动人实现全面发展的手段和途径,或者成为面向人的迈向全面发展的阶梯,才具有道德上的价值。因此,教育改革的实施必须以人的全面发展为基本的价值评价标准。[1] 从这个标准出发,课程思政实现育人价值的最终目的在于促进个体实现自由全面的发展。[2] 人的全面发展,既是个体的人生存的需要,也是人的群体生存需要,[3]具有丰富的内涵。而就高校来说,课程思政对于学生自由全面发展的作用,主要体现在以下三个方面。

1.满足学生需要的全面发展

大学生的需求不再局限于知识、技能的提升,他们更渴望在精神层面获得认同感,实现自我发展。而课程思政注重引领学生的思想价值,使学生在

---

〔1〕 袁国,贾丽彬.人的全面发展:教育改革的基本价值标准[J].教育理论与实践,2018(20):7-9.

〔2〕 陈刚.马克思人的自由全面发展观新探[J].学海.2006(1):131-136.

〔3〕 文新华.论人的全面发展与个性发展——兼论创新人才的培养[J].华东师范大学学报(教育科学版),2004(1):7-13.

满足知识和能力需求的同时,塑造正确的价值观。

2.满足学生个性的全面发展

对大学生而言,自我的全面发展要依托自主选择感兴趣的课程的权利,课程的设计要符合自我的个性特征及其发展需求。在"课程思政"推进后,高校充分考虑和尊重学生的个性需求,鼓励学生根据自身兴趣参加课程,并重新调整课程体系,重新设定教学目标,使其能够更大程度地激发学生的主观能动性。

3.提高学生适应社会的能力

人的自由全面发展还强调了实践的重要性。虽然课程思政以课程为载体,但并非所有的课程都适合在教室中进行。高校在追求学生专业理论水平提升的同时,还应注重培养学生学思结合、知行合一,通过组织学生参与专业相关度大的实践项目,如学科竞赛、专业实习,让学生自主参加暑期社会实践,开展丰富多彩的学生活动等方式,不断助推学生强化自身本领,提高适应社会的能力。

三、新时代课程思政的理论基础

课程思政是破解高校思想政治教育"孤岛"现象的有效方法,可以从根本上弥补专业课教学与思想理论课的"鸿沟"。为了最大限度地充分让课程思政的正向促进效应积极发挥作用,下面对课程思政的理论基础加以明晰。

(一)总书记关于思政教育的重要论述

习近平新时代高校思想政治工作理论是马克思主义中国化的最新理论成果,是我们开展课程思政研究必须坚持的理论原则。"习近平新时代高校思想政治工作理论不仅对我国高等教育事业的根本问题、根本目标、根本任务、新时代的具体任务等做出了深刻阐释,同时还提出要把思想政治工作贯穿于教育教学始终,实现全程育人、全方位育人的思想。"[1]

1.加强理想信念教育与爱国主义教育

时代新人如果不能树立正确的世界观、人生观、价值观,将很难肩负起中华民族伟大复兴责任。为教育引导广大青少年坚定中国特色社会主义道

――――――――――
〔1〕 习近平.习近平谈治国理政:第2卷[M].北京:外文出版社,2017:376.

路自信、理论自信、制度自信、文化自信，同时弘扬以爱国主义为核心的民族精神和以改革创新为核心的时代精神，习近平总书记教导青年学子坚定理想信念，要把理想信念建立在对科学理论的理性认同上，建立在对历史规律的正确认识上，建立在对基本国情的准确把握上。在党的十九大报告中，习近平总书记指出："广大青年要坚定理想信念，志存高远，脚踏实地，勇做时代的弄潮儿，在实现中国梦的生动实践中放飞青春梦想，在为人民利益的不懈奋斗中书写人生华章！"[1]

2.加强社会主义核心价值观教育

社会主义核心价值观是当代中国精神的集中体现。社会主义核心价值观要以培养合格的时代接班人为着眼点，强化教育引导。青年大学生群体不仅要做到社会主义核心价值观的身体力行，还要积极传播社会主义核心价值观，发挥模范带头作用。

3.加快构建高质量思想政治工作体系

党的十八大以来，习近平总书记多次就高校课程思政建设工作作出一系列重要指示，多次强调高校要落实立德树人根本任务，同时指出师德是高校工作最为重要的环节之一。同样地，课程思政建设一方面蕴含并发挥了育人功能；另一方面则重视和突出师德建设。由此可见，习近平新时代中国特色社会主义思想为高校思想政治教育工作中教师队伍建设提供了根本遵循和理论指南；课程思政建设是对习近平新时代中国特色社会主义思想的贯彻落实。

（二）马克思关于人的全面发展理论

人的全面发展是马克思主义的基本原理之一，也是中国教育方针的理论基石。从根本上来说，人的全面发展是指人的劳动能力的全面发展，即人的智力和体力的充分、统一的发展，也包括人的才能、志趣和道德品质的多方面发展。科学素质是人的全面发展的内在要求，人的全面发展是指人的劳动能力，即人的体力和智力的全面、和谐、充分的发展，还包括人的道德的发展。马克思、恩格斯提出，人的全面发展既需要社会生产力给予物质上的支持，也需要通过教育给予精神上的发展。

而高校推进"课程思政"是为了在大学生学习专业知识的过程中根植理

---

〔1〕 习近平.决胜全面建成小康社会 夺取新时代中国特色社会主义伟大胜利——在中国共产党第十九次全国代表大会上的报告[N].人民日报,2017-10-28(1).

想信念教育,目的是实现大学生的自由而全面的发展,为社会主义事业培养合格的建设者和接班人,这与实现人的全面发展不谋而合。因此,"课程思政"与"人的全面发展"理论最终目标相同,"人的全面发展"理论为高校课程思政建设提供坚实的理论支撑。

马克思主义基本原理是支撑高校课程思政建设的基本理论之一。对该理论内容的分析,主要有以下三种观点。

一是课程思政的建设目标与马克思主义基本理论中"个人全面发展"理论相契合。马克思主义基本理论强调一切人的自由发展,个人的全面发展指个体能力、社会关系、人的个性三个方面同步发展,这与高校课程思政中专业课程与思政课程的融合是相通的。[1]

二是课程思政中坚持社会主义办学思想与马克思主义基本理论中的教育思想一致。马克思主义基本理论认为,教育是造就个人全面发展的唯一方法,这与高校课程思政的育人价值观保持一致。

三是课程思政中关于坚持规律认识的原则与马克思主义基本理论中"关于认识与实践"的理论具有趋同性。马克思主义基本理论指出认识和实践是统一的,要在实践中坚持和发现真理,而课程思政建设就是基于已有的经验和认识,在高校思想政治教育中进行实践并推动实践活动的开展,二者是同向而行的。[2]

(三)课程文化发展理论

课程文化发展理论是高校各门课程文化建设发展的基础理论集合。课程文化是指高校所有课程建设过程中的文化集合。课程文化发展理论对课程文化建设具有一定指导作用,课程文化又对课程建设质量有决定性作用,同时也对提升课程建设中的育人效果具有促进效用。在价值层面上,西方的课程文化注重培养个人价值,而我国的课程文化注重培养集体价值。这种文化差异决定了思想政治课程建设要把社会主义核心价值观融入思想政治建设的核心环节,突出我国制度的优势。在传播渠道上,课程思想政治建设必须通过课程文化的路径来建构,主要是通过特定的法律和合规渠道。在归属上,高校课程思想政治建设的目的是促进大学生树立正确的文化观

---

〔1〕 胡洪彬.课程思政:从理论基础到制度构建[J].重庆高教研究,2019(01):112-120.

〔2〕 王仕民,汤玉华.新时代高校思想政治理论课创新发展探析[J].思想教育研究,2018(05):86-89.

念,这与高校课程文化建设的目的是一致的。二者虽然路径不同,但相互依赖、相互促进。

(四)有效教学理论

有效教学是指教师遵循教学活动的客观规律,以尽可能少的时间、精力和物力投入,实现教学目标和学生的个性培养与全面发展,取得尽可能多的教学效果。有效教学是为了提高教师的工作效益、强化过程评价和目标管理的一种现代教学理念。学生只要取得了自己应有的"进步和发展",就应当认定是"有效教学"的体现。其特征有:关注全体学生,关注教学效益,关注测性量化,实施反思教学,有效教学核心以及有效教学策略。

而课程思政建设注重推动教学自身的全面性、有效性的设计与发展,要求实现理论与实践的统一、科学知识与正确价值观的统一,实现全方位、全过程育人,这与有效教学理论高度一致。因此,推动高校课程思政建设是有效教学理论在课程思政建设上的具体体现。

四、新时代高校课程思政的实施原则

课程思政建设与改革,不仅是一种高校课程教学新理论的建构,也是对高校课程实施路径和方式的创新。关注课程思政建设与改革,应该在课程思政的实施方式上进行深度探究和思考。

课程思政的实施,从属于课程实施的大范畴。课程实施是 20 世纪 70 年代以来兴起的一个新的课程研究领域,它源于人们对 50—60 年代美国的一场大规模课程改革运动的反思。[1] 尤其是近年来,在课程变革的过程中,当课程的理念没有办法真正落实为现实的课程成效时,课程实施往往就更加容易成为人们关注的焦点。课程实施涵盖了两方面的意义:一是从课程变革的视角看,课程实施是将课程变革的计划付诸实践的过程;二是从课程开发的视角看,课程实施是课程开发过程的一个环节,是推行课程计划的过程。从本质上而言,课程实施是一个行动的过程,通过这个过程将观念形态的课程转化为学生所接受的课程,从而实现课程内在的教育意义。一般而言,课程实施有三种取向,即忠实取向、相互调适取向和创生取向,在不同

---

〔1〕　汪霞.课程实施:一个值得关注的问题[J].教育科学研究,2003(3):5-8.

取向下教师扮演着不同的角色。[1] 但是不论怎样的课程实施取向,都需要遵循相应的实施原则。高校课程思政的实施与一般课程的实施必然存在一定的差异,高校课程思政的实施原则可以从以下几个维度入手进行建构。

(一)知识性与价值性相统一原则

虽然政治理论课与其他各门课程在具体内容上存在差异,但两者的教育功能是一致的。也就是说,课程思政的实施也应坚持知识性和价值性的统一。

1.知识性与价值性在教育活动中不可分割

在教育活动中,知识性发挥了基础性的支撑作用,是高校学生培育价值观念和塑造道德品质的基石。尽管如此,知识性也不应独立存在,其与价值性是不可分割的。若在专业知识的传授过程中,教师更多地关注学生的情感反应,使价值性和知识性相互连通并贯穿于课程教学中,则会让学生在行为体验与情感体验中产生共鸣,学生也将更自觉地接受此种价值观念并内化于心、外化于形。多年以后,或许专业知识会被遗忘,但价值观念的培养是学生更为宝贵的财富。同样,知识性也有其必要性。知识传授中融入的价值观引导远比空洞的说教更有说服力和实效性,只有充分发挥教育活动中知识性的支撑作用,其价值性才会恒久稳固。

2.寓价值性于知识性之中

对于学生而言,除知识的获取,人格的养成也很重要。对高校而言,践行立德树人根本任务、助力学生成长成才则需要将价值观的塑造放到比专业技能培养更为重要的位置。课程思政就是以立德树人为根本任务,结合时代要求及学校自身特点,通过满足学生对专业知识的渴求来塑造道德信仰,从而达到价值引领的目的。而价值引领需要有意识地融入高校的各类课堂教学之中,让学生去领悟、塑造。高校若能有效推进课程思政,自觉实现教学与育人相结合,将价值引领寓于知识传授中,不仅能提升学生在价值观念上的判断力和塑造力,促进育人模式实现变革和创新,还能推动高校各类课程与思想政治理论课共同发展。

---

〔1〕 杨明全.课程实施的学理分析:内涵、本质与取向[J].全球教育展望,2001(1):35-38.

（二）学科价值与立德树人相统一原则

课程教学首先要实现学科价值,但从课程思政的视角看,仅仅关注学科价值是不完整的。课程思政的实施过程中,要求教师在实现学科价值的过程中关注学科的育人效能,让学科教学成为立德树人根本任务的重要载体。立德树人是新时代中国特色社会主义教育的灵魂,是我国教育改革发展的根本原则和根本任务。关于立德树人的内涵,有学者认为其包含两层意思:"立德"是指树立道德信念,是"树人"的途径和要求;"树人"是指培养人全面发展,是"立德"的方向和目标。二者有着本质上的联系,呈辩证统一的关系。因此,教师应在课程思政的教育教学过程中,牢记立德树人使命,结合课程实际对学生进行思想教育;在平时的教育教学工作中,教师也应重视对学生素质和个性的培养。注重学科价值与立德树人的有机关联和有效融合,是课程思政实施过程中必须坚守的重要原则。

（三）显性教育与隐形教育相统一原则

思想政治理论课教育教学的客观规律,是办好新时代思政课的基本遵循。坚持显性教育与隐性教育的统一是课程思想政治教育改革、创新与发展的重要原则。

显性教育是高校思想政治教育的主渠道。坚持显性教育,既是思政课教育教学的基本形态,也是培养社会主义事业建设者和接班人的根本要求。隐性教育通过间接地、自然而然地让受教育者接受教育,来达到教育目的。若仅依靠思想政治理论课的教育教学,并不能实现课程思政的教学改革。同时,在当前社会发展过程中,思政课教学环境与教育现状发生了诸多改变,简单直接的教育形式表现出一定的局限性,影响了思政课的实际效果。因此,办好新时代思政课,需要在教育教学实践中明确坚持显性教育,继承和发扬显性教育的优良传统,将思想政治理论显性教育与课程思想政治隐性教育相统一的思想贯穿于教学的全过程,实现育人途径的不断拓宽。在课程思政教学的共同参与下,将思想教育内容有效融入各类课程的讲授过程中,才能使学生在学习知识和技能的基础上接受价值熏陶,产生文化认同,达到潜移默化的效果。

（四）全员育人与精准培养相统一原则

坚持全员育人与精准培养相统一原则，以"全员为先"。高校思想政治教育是所有思政课老师、管理人员、辅导员的共同责任，需要每一位任课教师主动承担立德树人的教育职责。不仅如此，高校思想政治教育是面向全体学生的，立德树人也应落实到每位学生。一方面，高校应通过加强教师的师德教育，强化思想引领，打造高尚、博学、仁爱的教师队伍；另一方面，高校还应该转变教师的观念，使教师在注重知识传授的同时加强对价值引领的重视，进一步挖掘课程的育人元素，并以渗透形式将正确的价值观内化到学生的观念中去。

第四章
新时代高校课程思政建设的现状调查

    "在人类对知识的追求和探索中,产生了思辨研究与实证研究的历史分野。在教育领域,教育思辨研究是指超出教育现实经验的束缚,以得出一定教育观点为目的的研究;教育实证研究是指基于教育现实经验,以验证一定教育假设为目的的研究。两种研究范式在促进教育知识进步中前后相承,各司其职,不能相互取代。"[1]但是,从近年来国际国内教育研究的范式转型看,注重实证研究越来越成为一种教育研究的流行范式。

    不同于一般的理论研究,教育实证研究具有其独特的品性与特征。例如教育实证研究的对象是教育现象;纳入教育实证研究视野中的教育现象和自然现象是一样的,是客观的,不受主观价值因素的影响;教育实证研究的目的是要揭示教育规律;教育实证研究的过程具有可重复性,换言之,其他学者控制相同的条件可同质性地开展;教育实证研究过程也需要遵循一定的逻辑,一般是"假设—检验"逻辑,即根据前人的研究成果,确立研究假设,以这个假设为前提出发,通过观察、调查、访谈等方式,去搜集相关数据,并进行数据分析、研究总结和概括,对假设进行严格的检验;值得注意的是,教育实证研究结果具有可推广性,即可参考性。根据检验后的假设去构建理论或理论性的结论,使这种理论或理论性结论可以应用于类似问题的分析中。[2]

    总体而言,教育实证研究是一种基于教育现实问题,通过对教学现象、

---

〔1〕 王卫华.教育思辨研究与教育实证研究:从分野到共生[J].教育研究,2019,40(9):139-148.

〔2〕 涂元玲.论关于教育实证研究的几个错误认识[J].教育学报,2007(6):14-20.

问题进行调查分析,进而实现从教育感性认知到理性认识过渡升华的过程。现代教育的复杂性、实践性以及教育学科和教育研究本身的应用性,凸显了教育实证研究的重要价值。[1] 通过实证调查,分析教育问题、教育现象的现实存在状态,从整体上把握教育改革的逻辑基础和现实基础,确保研究的过程和取得的成果契合课程教学改革的现实需要。正如本书前面章节一直强调的,习近平总书记在全国高校思想政治工作会议上指出,"要用好课堂教学这个主渠道……使各类课程与思想政治理论课同向同行,形成协同效应"[2]。自此,课程思政理念逐步进入公众的视野,为高校践行课程育人提供了基本思路。根据《高等学校课程思政建设指导纲要》,课程思政的具体内涵为:通过充分挖掘通识课、专业课、思想政治理论课等各类课程中所蕴含的思政元素进行思想政治教育实践活动,形成系统的思政育人体系,实现寓价值观引导于知识传授和能力培养之中,帮助学生塑造正确的世界观、人生观、价值观。但如今,社会急剧转型,信息技术革命迅猛发展,复杂的社会环境和教学科研这双重压力,使得教师尽管知晓课程思政的重要性,但更偏重于文件和会议的学习,课堂上的具体行动偏少。更有教师认为思想政治教育工作是学校辅导员与思想政治理论课教师的事情,与自己相关甚少,自己只要注重本课程的教学就好。种种原因导致高校课程思政建设举步维艰。在现有的课程思政建设与改革研究成果体系中,研究者依然对课程思政的概念、价值、方法论体系等宏观领域和理论领域抱有极大的研究热情,但是对于课程思政建设与改革过程中师生的现实生存状态和真正的困惑、需求了解不够,这也容易导致课程思政建设与改革过程中,研究者提出的理念、路径、方法等与师生的现实需求不相匹配。这也在客观上导致了课程思政建设与改革实践中成效不高的问题。

基于教育实证研究的范式转型和当下课程思政建设与改革研究中实证性的缺失,本书主要以实证调研的视角研究高校课程思政建设中存在的问题,特别是通过对浙江省部分高校师生的大样本问卷调查分析为基础,为高校提升课程育人成效,落实立德树人根本任务寻求有效的路径。

---

〔1〕 吕洪波,郑金洲.教育实证研究离我们还有多远[J].河北师范大学学报(社会科学版),2016(1):5-9.

〔2〕 习近平:把思想政治工作贯穿教育教学全过程[EB/OL].(2016-12-08)[2021-08-20].http://www.xinhuanet.com/politics/2016-12/08/c_1120082577.htm.

一、高校课程思政建设情况调查的设计和实施

　　调查研究是最基本的社会科学研究方法,也是实证研究最常见、最普遍方式。"教育调查研究是研究者在科学方法论和教育理论指导下,围绕一定的教育问题,通过运用观察、列表、问卷、访谈、个案研究以及测验等科学方式,有目的、有计划、系统地搜集有关教育问题或教育现状的资料,从而获取关于教育现象的科学事实,对教育现象作出科学的认识分析并提出具体工作建议的一种研究方法。"[1]当前,高校课程思政建设与改革已经持续开展多年,但在这一改革过程中,师生的现状究竟如何,目前看,还缺少实证研究的数据支撑。鉴于此,本书在设计有效的课程思政实践路径之前,期望通过大样本的调查研究,对当下高校课程思政建设与改革的现实状况进行把脉分析。

(一)调查的工具设计

　　目前,国内对于高校课程思政建设面临的问题主要归纳为:意识不到位、机制不健全、师资相对缺乏。杨建超认为,高校在推进课程思政教育改革的过程中的最大困境是意识不够到位、机制不够健全、师资相对缺乏。[2]朱征军、李赛强认为,在认识层面上澄清误区、深化统一,在实施层面上纠正偏差、正确推进,这是推进课程思政建设最有效的方式。[3]王学俭、石岩将专业知识和思政教育融合、教师如何发挥协同育人建构作用归结为目前课程思政遭遇的困境。[4]

　　为了更好地了解目前高校课程思政建设的情况,本书主要以浙江省高校为研究对象,调研了十余所高校,以教师和学生两大群体为调研对象,由

---

　　[1]　岳亮萍.中小学教师怎样进行课题研究(三)——教育科研之教育调查研究法[J].教育理论与实践,2008(8):46-48.

　　[2]　杨建超.协同育人理念下高校"课程思政"改革的理性审视[J].南通大学学报(社会科学版),2019,35(6):121-128.

　　[3]　朱征军,李赛强.基于一致性原则创新课程思政教学设计[J].中国大学教学,2019(12):24-28.

　　[4]　王学俭,石岩.新时代课程思政的内涵、特点、难点及应对策略[J].新疆师范大学学报(哲学社会科学版),2020,41(2):50-58.

思政课专家、党务工作者、专业课教师、教务管理人员等组成调研小组。学生问卷主要涵盖三个维度：课程思政内涵理解、课程思政接纳程度、课程思政体验情况。教师问卷主要涵盖四个维度：课程思政工作的理解程度、课程思政建设进展情况、课程思政建设取得的效果评价、课程思政建设的意见与建议（图1）。

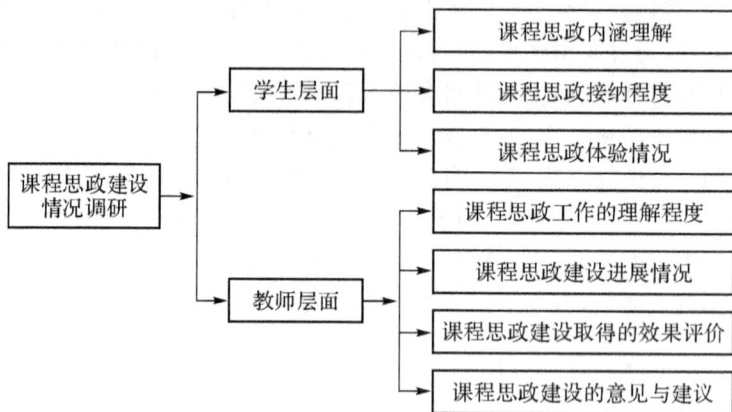

图1　课程思政建设情况问卷内容逻辑图

在学生问卷调查中，学生对于课程内涵的理解主要通过四个方面来呈现：学生认为其所在高校是否实施课程思政；学生对"课程思政"概念的了解程度；学生对"课程思政"概念的理解；学生认为课程思政重点包含的内容。学生对课程思政接纳程度的情况主要通过问卷调查中的三个方面来呈现：哪些课程需要融入课程思政；课程思政是否有意义；对思政元素融入专业课程教学的态度如何。学生对课程思政体验情况的反馈主要通过问卷调查中的五个方面来呈现：目前课堂教学中，专业课教师融入思政元素的情况；专业课教师一般采取何种形式开展课堂教学；大学生比较喜欢的课程思政育人方式；课程成绩或学期考核中是否涉及课程思政方面的考核；哪些因素影响了课程思政的成效。

在教师问卷调查中，教师对于课程思政工作的理解程度，主要通过四个方面来呈现：是否了解高校课程思政改革工作；对课程思政的理解；在专业课或基础课中引入哪些思政元素是必要的；专业课程是否需要融入课程思政元素。对于课程思政建设进展情况主要有两个方面：一方面是教师开展课程思政建设工作的情况；另一方面是教师在开展课程思政过程中遇到的困惑以及得到的支持。对于教师实际工作的开展，主要通过五个方面进行呈现：思政元素融入专业课程是否有难度；围绕课程思政，目前教师自身做了什么样的工作;课堂内容是否涵盖课程思政的元素;课程思政建设中采取的教学方法;对学生综合成绩的考核是否囊括了思政内容。教师对于开展课程思政过程中遇到的困惑以及得到的支持通过四个方面来呈现:一般通过哪些渠道获得课程思政建设的理念和方法;课程思政对于自身而言的积极作用;近三年是否参加课程思政的相关会议和培训;开展课程思政工作面临的困难。教师对于课程思政建设取得效果的评价,本书主要通过三个方面进行呈现:课程思政建设的开展情况;课程思政建设的教学效果;课程思政改革中学生的态度。对于课程思政建设应该如何更好地开展,本书从三个层面对教师进行调查:第一,教师更愿意以什么方式推进课程思政建设工作;第二,在课程思政建设过程中,教师更想得到怎么样的帮助;第三,教师对加强思政课实践教学的建议。

高校课程思政问卷调查
学生卷

亲爱的同学：

你好！本调查问卷旨在了解课程思政的实施和建设情况，以便更好地推进高校课程思政改革。本次调查采用匿名的形式填写，各问题的选项无对错之分，你的真实回答将对我们的研究有很大的帮助，衷心感谢你的支持与合作！

1. 你的性别？

A. 男　　　　　B. 女

2. 你的年级？

A. 大一　　　　B. 大二　　　　C. 大三　　　　D. 大四

3. 你的专业属于哪一类？

A. 人文社科类　　　　　　　B. 理工科类

C. 艺术体育类　　　　　　　D. 其他

4. 你的政治面貌？

A. 中共党员　　B. 共青团员　　C. 群众　　　　D. 其他

5. 你的家庭所在地？

A. 城市　　　　B. 农村

6. 你所在的高校实施课程思政建设了吗？

A. 实施了　　　B. 未实施　　　C. 不知道

7. 你了解"课程思政"的概念吗？

A. 非常了解　　B. 比较了解　　C. 一般　　　　D. 不太了解

E. 非常不了解

8. 你认为"课程思政"的概念是什么？（可多选）

A. 普通的思政课

B. 思政课程的拓展和深化

C. 一种课程观，与专业课融合的思政教育

D. 专门的思政课程之外的新课程

E. 高校思想政治教育的直接渠道

F. 其他

G. 不太了解

9. 你认为课程思政重点包含以下哪些内容？（可多选）

A. 社会主义核心价值观　　　　B. 中华优秀传统文化

C. 工匠精神　　　　　　　　　D. 国际视野，开放包容精神

E. 礼仪道德　　　　　　　　　F. 爱国爱党情怀

G. 奋斗进取精神　　　　　　　H. 其他

10. 你认为哪些课程需要融入课程思政？

A. 基础课　　　B. 专业课　　　C. 课外实践课　D. 所有课程

E. 其它

11. 你认为课程思政有意义吗？

A. 非常有意义　　　　　　　　B. 比较有意义

C. 一般　　　　　　　　　　　D. 比较没有意义

E. 非常没有意义

12. 你对思政元素融入专业课程教学的态度是怎样的？

A. 非常欢迎　　　B. 比较欢迎　　　C. 无所谓　　　D. 不太欢迎

E. 非常抗拒

13. 你比较喜欢什么样的课程思政育人方式？（可多选）

A. 变革授课方式，教师少照本宣科，多一些生动活泼的内容

B. 课堂以学生为主体，学生课前多查资料，课上多研讨

C. 教学走出课堂，多一些主题活动

D. 请专家或学者作为客座教授开设讲座

E. 不关心，怎么讲都行

F. 其他

14. 在目前的课堂教学（思政课除外）中，你的老师是如何教学的？

A. 只教授本学科、本专业的内容

B. 以学科、专业为主，偶尔穿插一定的思政元素

C. 对思政教育有针对性的设计

D. 很好地融入了思政元素

E. 有的老师重视课程思政，有的不重视

F. 其他

15. 你的专业课教师一般采取何种形式开展课堂教学？（可多选）

A. 直接讲述

B. 利用案例资料讲述

C. 利用视频影音资料讲述

D. 利用政策文件资料讲述

E. 利用自身经历讲述

F. 其他

16. 你的课程成绩或学期考核中涉及课程思政方面的考核吗?

A. 较多涉及　　　B. 偶尔涉及　　　C. 基本不涉及

17. 你认为哪些因素能够影响课程思政的成效?(可多选)

A. 教师对教学内容缺少合理设计

B. 教师缺少课程思政的意识和能力

C. 教学内容脱离实际,实效性不强

D. 强行"嫁接"思政元素

E. 学生对课程思政的兴趣不高

F. 思政元素与学生就业等实际需要关联不大

G. 教师教学方式陈旧、手段单一

H. 缺少有效的评价体系

I. 其他

高校课程思政问卷调查
教师卷

亲爱的教师：

您好！为了更好地了解高校课程思政的建设情况，提出课程思政的有效实施路径。我们诚邀您参与此次调查，本调查采用匿名的形式填写，并将严格遵守《统计法》的相关规定，保密个人信息，请您根据实际情况填写，为保证问卷调查内容的有效性，恳请您认真填答，衷心感谢您的大力支持！

一、调研对象的基本情况

1.您的性别？

A.男　　　　　　B.女

2.您的年龄？

A.25~30 岁　　B.31~35 岁　　C. 36~40 岁　　D. 41~45 岁

E. 46~50 岁　　F. 50 岁以上

3.您从教的年限？

A.2 年以内　　B.2—5 年　　C. 5—10 年　　D. 10 年以上

4.您获得的最高学位？

A.学士　　　　　B.硕士　　　　　C.博士

5.您的政治面貌？

A.中共党员　　B.民主党派　　C.无党派　　　D.其他

6.您所教授的专业类别？

A.工科类　　　B.理科类　　　C.经管类　　　D.文史类

E.基础课类　　F.其他

7.您是否有过留学经历？

A.有　　　　　　B.没有

8.您是否了解高校课程思政改革工作？

A.非常了解　　B.比较了解　　C.一般　　　　D.不太了解

E.非常不了解

9.您对课程思政的理解是什么？（可多选）

A.专业课程中宣传思政知识，宣传融入习近平新时代中国特色社会主义思想，实现民族复兴的理想

B.专业课程中加入思政的章节，强化专业实践要体现社会主义核心价值观，实现民族复兴的理想

C.专业课程中加入思政的案例,结合专业实践加深理解社会主义核心价值观的要求,实现民族复兴的理想

D.挖掘各专业课程所蕴含的思想政治教育元素,把做人做事的基本道理、社会主义核心价值观的要求,以及实现民族复兴的理想融入专业课程教学中,让课程思政建设与思政课程同向而行

10.如若在专业课或基础课中引入思政课,您认为哪些元素有必要?(可多选)

A.民族复兴的时代意识

B.爱岗敬业的责任意识

C.爱党爱国的情感

D.人类命运共同体思维

E.尊师重教的礼仪意识

F.追求真理的世界观

G.积极向上的人生观

H.正直诚信的价值观

I.职业伦理教育

J.只需要讲授学科知识,不需要融入其他内容

K.其他

11.您认为专业课程是否需要融入课程思政元素?

A.非常需要　　B.比较需要　　C.一般　　　　D.不太需要

E.完全不需要

12.您一般通过哪些渠道获得课程思政建设的理念和方法?(可多选)

A.上级(学校)有关政策和文件

B.相关的网络平台

C.主题报告或研讨会

D.学习、观摩示范课程

E.教研组或者教学团队组织的研修活动

F.同伴的交流

G.阅读相关的文献

H.自己在教学中的主动反思

I.其他

13.您认为将思政元素融入专业课程是否有难度?

A.非常困难　　B.比较困难　　C.一般　　　　D.比较容易

E.非常容易

14.围绕课程思政改革,目前您都做了哪些方面的工作?(可多选)

A.阅读并领会了相关政策和文件精神

B.按照课程思政要求修订了教学大纲

C.思考过如何在本课程中融入课程思政

D.阅读过课程思政的相关研究文献

E.参加过课程思政的主题研修或培训

F.撰写过课程思政的论文、案例

G.申报过课程思政的示范课或相应研究项目

H.以上都没有做过

I.其他

15.您的课堂内容是否有涉及理想信念方面的内容?

A.经常涉及　　　B.偶然　　　　C.一般　　　　D.很少涉及

E.基本不涉及

16.您的课堂内容是否有涉及爱国情怀方面的内容?

A.经常涉及　　　B.偶然　　　　C.一般　　　　D.很少涉及

E.基本不涉及

17.您的课堂内容是否有涉及品德修养方面的内容?

A.经常涉及　　　B.偶然　　　　C.一般　　　　D.很少涉及

E.基本不涉及

18.您的课堂内容是否有涉及奋斗精神方面的内容?

A.经常涉及　　　B.偶然　　　　C.一般　　　　D.很少涉及

E.基本不涉及

19.您的课堂内容是否有涉及国际理解方面的内容?

A.经常涉及　　　B.偶然　　　　C.一般　　　　D.很少涉及

E.基本不涉及

20.您在课程思政建设中经常采用的教学方法?(可多选)

A.教授式教学　B.讨论式教学　C.专题式教学

D.案例教学　　E.情景式教学　F.其他

21.您教授的课程中,学生的综合成绩包含了思政方面的考核吗?

A.有　　　　　　B.没有

22.课程思政对于您自身而言,是否有积极作用?

A.有　　　　　　B.没有

23.您认为您的课程思政建设开展得如何?

A.非常好,非常成熟了

B. 有完整的规划,但还需要展开改革实践

C. 刚刚起步,还在思考探索中

D. 需要进一步学习后再开展

E. 其他

24. 您认为目前课程思政改革中学生的态度是什么?

A. 非常欢迎,认为和专业课结合较好,形式多样

B. 比较欢迎,认为专业课结合时事,有意义

C. 一般

D. 比较抵触,认为非常枯燥

E. 非常抵触,认为太多思政元素,比较牵强

25. 您认为目前普遍的课程思政建设的教学效果如何?

A. 非常好   B. 比较好   C. 一般   D. 比较差

E. 非常差

26. 近三年,您参加课程思政相关会议或培训的情况?

A. 参加过院、系课程思政会议或培训

B. 参加过校级层面的课程思政会议或培训

C. 参加过市级层面的课程思政会议

D. 赴外省市参加过课程思政会议

E. 没参加过课程思政相关会议或培训

F. 其他

27. 您更愿意学校以什么方式推进课程思政建设工作?(可多选)

A. 课程思政专题研究立项

B. 课程思政优秀案例评选

C. 课程思政示范课程选拔、推广

D. 课程思政专题研讨会或报告会

E. 开展教育思想大讨论

F. 其他

28. 在课程思政建设过程中,您更想获得什么形式的帮助?(可多选)

A. 融入课程的思政元素的挖掘研讨或指导

B. 教学方式、方法及手段的学习及研讨

C. 参加课程思政相关会议或培训

D. 现场观摩优秀示范课的教学过程

E. 进行马克思主义理论、党的十九大精神等最新精神的学习和培训

F. 获得专项经费支持,获得专家指导、培训等

G. 其他

29.您开展课程思政工作面临的困惑主要有哪些?(可多选)

A.对课程思政本身的内涵和价值理解不清

B.没有章法,不知道具体应该怎么做

C.教学、科研压力大,没时间思考课程思政

D.害怕课程思政的融入会挤压专业教学的时间

E.担心课程思政硬性融入会引起学生反感

F.不知道课程思政改革能产生什么成效

G.其他

30.您对加强课程思政实践教学的建议是什么?

A.建立足够的实践教学基地

B.构建成熟的实践教学模式

C.学校高度重视,提供足够人力、财力保障

D.编写相关教材

E.学校与社会为课程思政实践教学创造条件

F.加强过程监管

G. 其他

(二)调查的组织实施

高校思想政治理论课的实效性主要通过施教者与受教者两个群体来体现,学生群体和教师群体的问卷调查,使课题组对高校课程思政情况有了整体了解。2021 年 6 月至 7 月,课题组在浙江省十余所高校调研并获得数据。在具体操作的过程中,考虑到学校分布、经费状况等问题,调查采用受访者推动(RDS)抽样方法。在具体的调查过程中,获取学生样本数 1573 个,由于部分缺失值的影响,本书研究中删去了 13 个学生样本,最终获得 1560 个学生有效样本,并对其进行统计分析;获取教师样本数 549 个,由于部分缺失值的影响,本书研究中删去了 24 个教师样本,最终获得 525 个教师有效样本,并对其进行统计分析。

二、高校课程思政建设情况的现状分析

自全国高校思想政治工作会议召开以来,浙江高校高度重视课程思政

建设改革,落实课程思政建设的主体责任,注重顶层设计,开展课程思政教学体系建设,紧密围绕课程推动课程思政建设教学改革,突出教师发展,提升教师课程思政素养等。但总体来看,我国高校课程思政建设与改革仍处于起步阶段,面临着众多困境与挑战。

(一)学生层面的调查分析与结论

1.基本情况
(1)性别

数据显示,本次参与高校课程思政调研的男性大学生为 388 人,占总人数的 24.87%;女性大学生为 1172 人,占总人数的 75.13%。尽管男女性别比例并没有很好地反映出目前浙江省高校中男女生的比例情况,但也从侧面反应出女性大学生在参与社会活动方面比男性大学生积极很多,具体如表 1 所示。

表 1　学生层面的性别情况

性别	人数/人	百分比/%	累计百分比/%
男性	388	24.87	24.87
女性	1172	75.13	100.00
总计	1560	100.00	

(2)年级

数据显示,本次参与高校课程思政调研的大一学生为 733 人,占总人数的 46.99%;大二学生为 393 人,占总人数的 25.19%;大三学生为 398 人,占总人数的 25.51%;大四学生为 36 人,占总人数的 2.31%。从不同的年级特点出发,这样的年级人数分布较为符合大学生现状,具体如表 2 所示。

表 2　学生层面的年级情况

年级	人数/人	百分比/%	累计百分比/%
大一	733	46.99	46.99
大二	393	25.19	72.18
大三	398	25.51	97.69
大四	36	2.31	100.00
总计	1560	100.00	

(3)专业

数据显示,本次参与高校课程思政调研的人文社科类学生为 752 人,占总人数的 48.21%;理工科类学生为 363 人,占总人数的 23.27%;艺术体育类学生为 104 人,占总人数的 6.67%;其他专业学生为 341 人,占总人数的 21.86%,具体如表 3 所示。

表 3　学生层面的专业情况

专业	人数/人	百分比/%	累计百分比/%
人文社科类	752	48.21	48.21
理工科类	363	23.27	71.47
艺术体育类	104	6.67	78.14
其他	341	21.86	100.00
总计	1560	100.00	

2.学生对课程思政的了解情况

关于学生对课程思政的了解情况,本书主要通过三个方面进行内容的呈现:其一是学生对课程思政内涵的理解;其二是学生对课程思政接纳程度的情况;其三是学生对课程思政体验情况的反馈。

(1)学生对课程思政内涵的理解

关于学生对课程思政内涵理解的情况,主要通过问卷调查中的四个方面来呈现:学生认为其所在高校是否实施课程思政;学生对"课程思政"概念的了解程度;学生对"课程思政"概念的理解;学生认为课程思政重点包含的内容。

就所在高校是否实施课程思政来说,80.83%的大学生表示,学校已经实施了课程思政;1.79%的大学生表示,学校仍未实施课程思政;17.37%的大学生表示自己并不知道学校是否有实施课程思政,具体如图 2 所示。

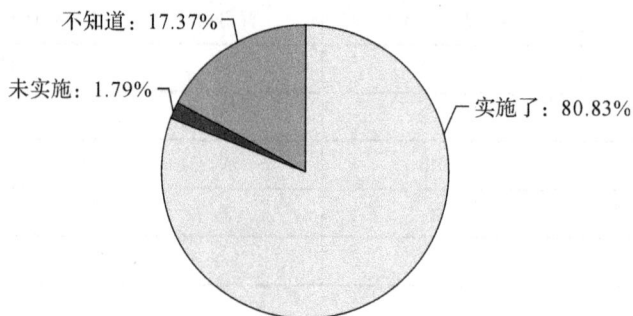

图 2　高校是否实施课程思政的情况

　　就学生对"课程思政"概念的了解程度来说,根据大学生的自评情况,13.97％的大学生表示对"课程思政"的概念非常了解;31.60％的大学生表示对课程思政的概念比较了解;34.04％的大学生表示对"课程思政"的概念了解程度一般;17.05％的大学生表示对"课程思政"的概念不太了解;3.33％的大学生表示对"课程思政"的概念非常不了解,具体如图 3 所示。

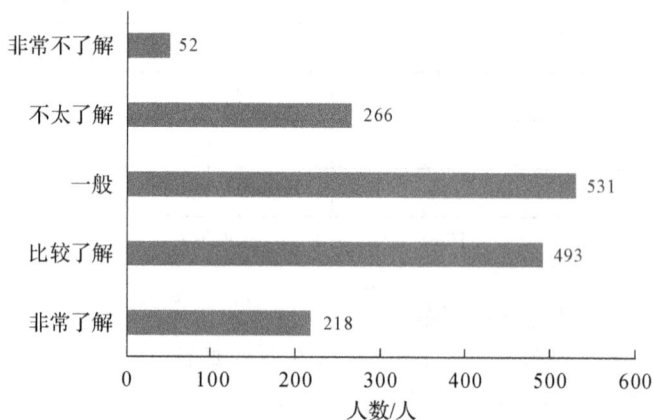

图 3　学生对课程思政概念的了解程度

　　那么,学生认为"课程思政"的概念究竟是什么呢? 440 人次的大学生认为课程思政就是普通的思政课;1127 人次的大学生认为课程思政就是思政课程的拓展和深化;1074 人次的大学生认为课程思政就是一种课程观,与专业课融合的思政教育;568 人次的大学生认为课程思政是专门的思政课程之外的新课程;663 人次的大学生认为课程思政是高校思想政治教育的直接渠道;还有 170 人次的大学生对课程思政的概念不甚了解或者难以界定,具体如图 4 所示。

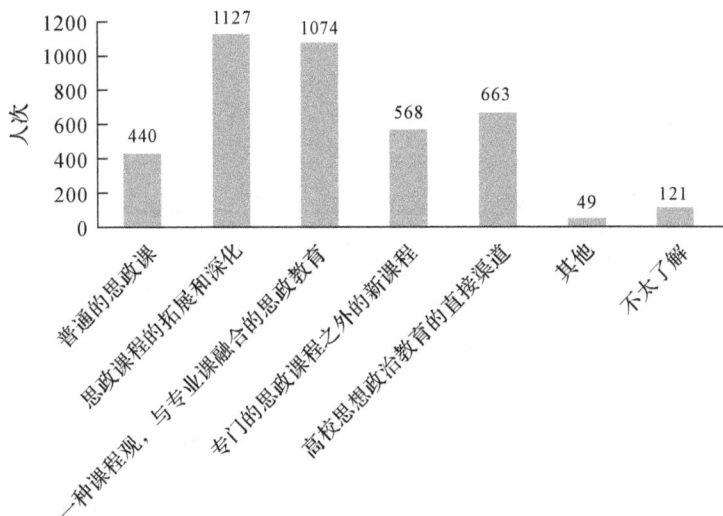

图 4　学生对"课程思政"概念的了解情况

当问及大学生课程思政重点包含了哪些内容时,1454 人次的大学生表示,课程思政重点包含社会主义核心价值观;1330 人次的大学生表示,课程思政重点包含中华优秀传统文化;1292 人次的大学生表示,课程思政重点包含爱国爱党情怀;1279 人次的大学生表示,课程思政重点包含国际视野,开放包容精神;1152 人次的大学生表示,课程思政重点包含奋斗进取精神;1076 人次的大学生表示,课程思政重点包含工匠精神;1021 人次的大学生表示,课程思政重点包含礼仪道德,具体如图 5 所示。

(2)学生对课程思政接纳程度的情况

学生对课程思政接纳程度的情况主要通过问卷调查中的三个方面来呈现:哪些课程需要融入课程思政;课程思政是否有意义;对思政元素融入专业课程教学的态度如何。

在大学生看来,课外实践课最需要融入课程思政元素,其次为基础课。数据显示,39.68%的大学生认为课外实践课需要融入课程思政元素,27.5%的大学生认为基础课需要融入课程思政元素,7.88%的大学生认为专业课需要融入课程思政元素,仅有 17.31%的大学生认为所有课程均需要融入课程思政元素,具体如图 6 所示。这一调查数据与我们期待的课程思政建设理念有一定的差距:课程思政的基本理念是要将思政教育的元素融入整体的课程设计之中,包括公共课、基础课、专业课、实践课等。学生中普遍存在的对于

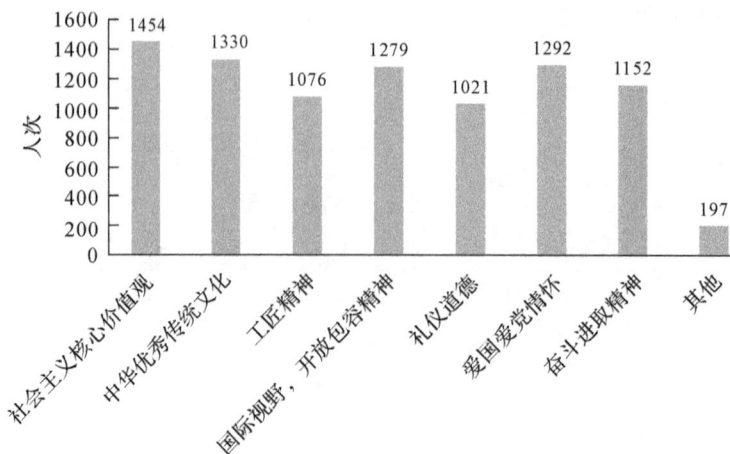

图 5 学生对课程思政重点内容的理解情况

课程思政认知的偏差,一方面说明了我们目前很多专业课、基础课的课程思政建设并没有真正落到实处;另一方面也或许隐含着我们目前在专业课、基础课等课程中的"课程思政"呈现方式与学生的期待还有一定差距,而这一切都充分说明了持续推动课程思政建设与改革的现实必要性。

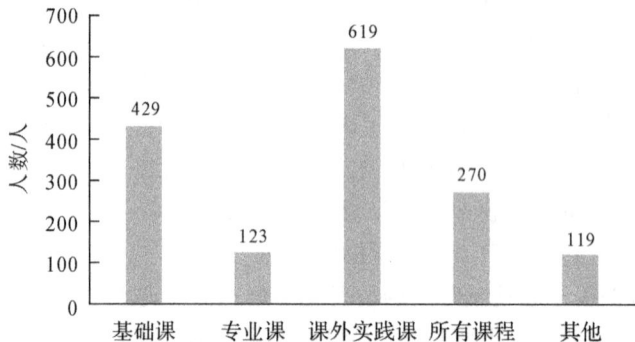

图 6 学生对课程思政需要融入哪些课程的理解情况

当问及大学生课程思政是否有意义时,29.55%的大学生认为课程思政非常有意义;48.46%的大学生认为课程思政比较有意义;17.24%的大学生认为课程思政意义一般;2.76%的大学生认为课程思政比较没有意义;仅1.99%的大学生认为课程思政非常没有意义,具体如图7所示。这样的调查数据表明,从认知的层面看,当代大学生已经对课程思政的价值与意义形成了普遍的认可,这种认可构筑了课程思政建设与改革的良好认知基础,但是有将近5%的学生认为课程思政建设是没有意义的,也是一个需要关注的问题,这说明高校课程思政建设与改革要进一步提升辐射面和影响力。

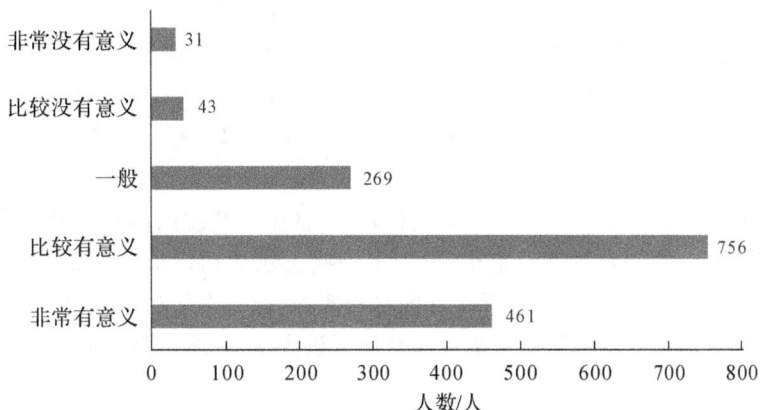

图 7　学生对课程思政意义的认知情况

　　当问及大学生对思政元素融入专业课程教学的态度时,25.26%的大学生表示非常欢迎;44.23%的大学生表示比较欢迎;20.77%的大学生表示无所谓;7.37%的大学生表示不太欢迎;2.37%的大学生表示非常抗拒,具体如图 8 所示。众所周知,将思政元素融入专业教学这是当下课程思政建设与改革的基本逻辑,仅有 60%多的学生认可这种方式,其他同学持无所谓或者反对态度,这无疑会增加专业课程中课程思政建设与改革的难度,也意味着对于专业课教师而言,如何做到思政教育与专业教育的有机融合,这是关乎课程思政建设与改革成败的关键性问题。

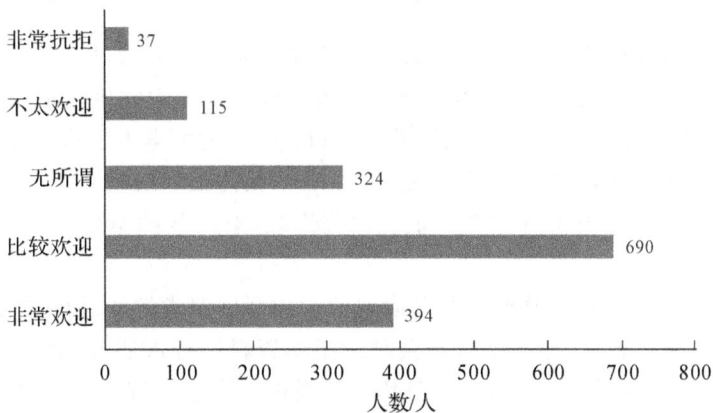

图 8　学生对思政元素融入专业课程教学的态度情况

（3）学生对课程思政体验情况的反馈

学生对课程思政体验情况的反馈主要通过问卷调查中的五个方面来呈现：目前课堂教学中，专业课教师融入思政元素的情况；专业课教师一般采取何种形式开展课堂教学；大学生比较喜欢的课程思政育人方式；课程成绩或学期考核中是否涉及课程思政方面的考核；哪些因素影响了课程思政的成效。

就大学生喜欢何种形式开展课程思政而言，1125人次的大学生表示，希望教师可以变革授课方式，少照本宣科，多一些生动活泼的内容；1013人次的大学生表示，希望教学可以走出课堂，多一些主题活动；669人次的大学生表示，希望课堂以学生为主体，学生课前多查资料，课上多研讨；486人次的大学生表示，希望请专家或学者作为客座教授开设讲座，具体如图9所示。

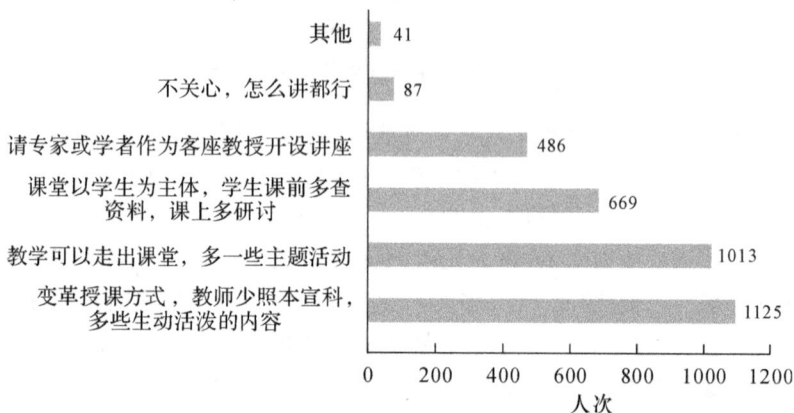

图9　学生喜欢何种形式开展课程思政的反馈

就目前课堂教学（思政课除外）中，教师是如何教学的，13.08％的大学生表示教师只教授本学科、本专业的内容；49.42％的大学生表示教师以学科、专业为主，偶尔穿插一定的思政元素；11.47％的大学生表示教师对思政教育有针对性的设计；15.77％的大学生表示教师很好地融入了思政元素；5.58％的大学生表示有的教师重视课程思政，有的教师不重视，具体如图10所示。

关于目前专业课教师一般采取何种形式开展课堂教学进行探寻，1077人次的大学生表示，专业课教师会利用案例资料进行讲述；1026人次的大学生表示，专业课教师会利用视频影音资料进行讲述；717人次的大学生表示，专业课教师以直接讲述的方式开展课堂教学，离大学生心目中的教学方式仍有一定距离；515人次的大学生表示，专业课教师会利用自身经历进行讲述，具体如表4所示。

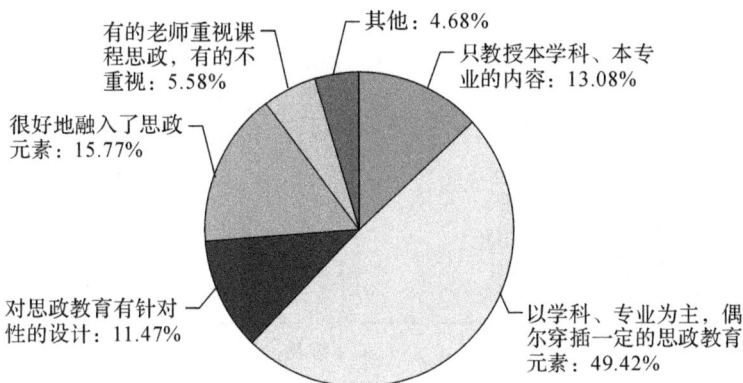

图 10　学生对专业课教师课堂教学中融入思政元素情况的反馈

表 4　专业课教师一般采用何种形式开展课堂教学

选项	人次	百分比/%
直接讲述	717	45.96
利用案例资料讲述	1077	69.04
利用视频影音资料讲述	1026	65.77
利用政策文件资料讲述	630	40.38
利用自身经历讲述	555	35.58
其他	98	6.28

当问及大学生的课程成绩或学期考核中是否涉及课程思政方面的考核时,33.91%的大学生表示较多涉及;54.94%的大学生表示偶尔涉及;11.15%的大学生表示基本不涉及,具体如图11所示。对于专业课程的期中、期末考试中是否含有思政教育的问题设计,绝大多数的同学都表示没有。

当问及大学生哪些因素能够影响课程思政的成效时,大学生表示学生对课程思政的兴趣不高、教学内容的实效性不强、强行"嫁接"思政元素和教师对教学内容缺乏设计是降低课程思政成效的三个主要因素。具体来说,765人次的大学生认为教师对教学内容缺乏合理设计会影响课程思政的成效;649人次的大学生认为教师缺少课程思政的意识和能力会影响课程思政的成效;781人次的大学生认为教学内容脱离实际,实效性不强会影响课程思政的成效;765人次的大学生认为强行"嫁接"思政元素会影响课程思政的成效;871人次的大学生认为学生对课程思政兴趣不高会影响课程思政的成效;590人次的大学生认为思政元素与学生就业等实际需要关联不

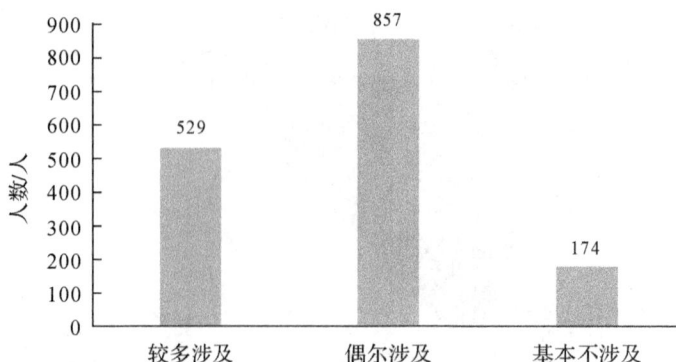

图 11 学生课程成绩或学期考核中是否涉及课程思政方面的考核反馈

大会影响课程思政的成效;571 人次的大学生认为教师教学方式陈旧,手段单一会影响课程思政的成效;369 人次的大学生认为缺少有效的评价体系会影响课程思政的成效,具体如图 12 所示。

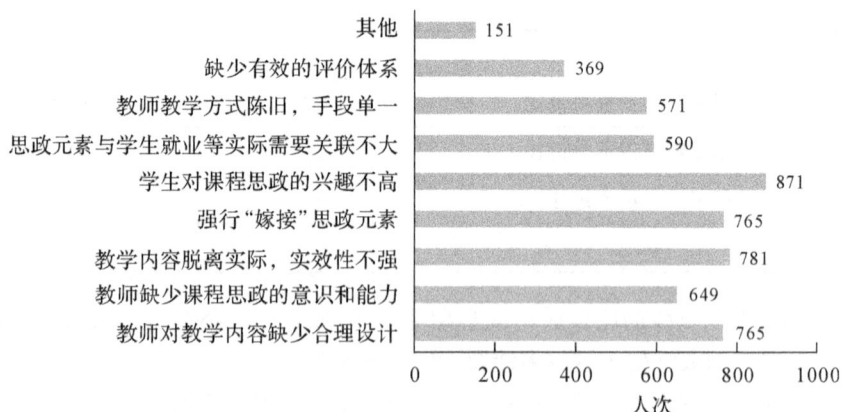

图 12 学生认为能影响课程思政成效的因素反馈

从上述关于学生对课程思政的现实体验看,几个维度的调查数据能够形成如下几个方面的认识与启示:其一,课程思政建设与改革,是一种新的高等教育课程与教学改革理念,需要教师打破传统的、固有的教学设计,但是从学生的体验看,能够做好课程思政针对性设计和实施的教师比例只占 30%左右,这意味着如何改进课程思政的教学实践,是学生最为关注的课程思政建设与改革问题;其二,学生对于课程思政的实施有自己独特的需求,这种需求主要包括教师教学方法的改变,更多地融入实证性材料,开展课外学习和调研,采用互动式的教学,充分运用案例、音像、影像等资料,其中打破说教式的传统思政教育模式是学生最为迫切的需求;其三,对于课程思政建设与改革,学生认为自身的学习兴趣、学习材料的新鲜程度以及教师通过怎样的方式实现"课程"与"思政"的有机融合,是最能够影响课程思政建设成效的因素。这些因素当中,前两者可以运用教学方法、丰富的教学资源来实现,最后一方面的因素需要教师对课程思政教学设计意识与能力进行针对性培养和提升;其四,关于课程思政的评价问题,学生们普遍认为教师能够在评价学生的过程中注重思政维度的考量,但是根据我们后续的针对性访谈,从大量专业课程期中、期末试卷的分析看,教师对于学生思政维度的评价更多地体现在学习过程中的即时性评价之上。在期末的终结性评价中很少涉及思政领域的评价,这不利于建构体现课程思政理念的完整的课程与教学评价体系,这同样揭示了课程思政建设与改革在评价维度上面临的困境。

综合而言,课程思政概念决不应该以枯燥的面目出现,课程思政需要更多的亲和力和针对性,既满足学生对课程的期待,也满足学生成长的需求,但就现状而言,课程思政建设与改革从学生的视角看,还存在很大的改革空间。尽管学生对课程思政的概念仍然混淆不清,但却对课程思政满怀希望;尽管知道学校在实施课程思政,对课程思政比较欢迎,但在专业课程中对课程思政的感受度不高;学生对于课程思政的实施,对教师的课堂设计和育人模式有更多的期待。因此,课程思政的积极推行,让学生建立了对课程思政的基本概念,却也呈现出一系列的问题,这些问题为之后的改革和推进提供了方向。

3. 学生对课程思政的了解程度的原因探析

为了更好地了解不同背景的学生对课程思政了解程度的差异,本书对学生问卷所得数据进行卡方检验,以是否了解课程思政概念为因变量,从单因素角度分别对变量进行卡方检验。所谓的卡方检验,就是通过比较分析两个及两个以上样本率,以及两个分类变量之间的关系,建立检验假设,从而计算假设成立的 p 值,确立假设是否成立。p 值为概率,现在国际一般用的标准是 * $p<0.05$ 为显著, ** $p<0.01$ 为很显著, *** $p<0.005$ 为非常显著。本书以 $p=0.05$ 为临界值(即以 5% 的显著性水平为标准),若所得的 Sig 值(显著性值)小于 p 值,说明某一因素与学生对课程思政是否了解的情况相关,反之则不相关。

(1)性别对课程思政的了解程度有显著影响

由表 5 可知,在调查的 1560 个有效样本中,性别的显著性为 0.000,小于 0.05,说明性别对于大学生对课程思政概念的了解程度具有显著性,通过卡方检验。具体而言,就非常了解的层面来说,男性大学生占 20.62%,女性大学生占 11.77%;就比较了解的层面而言,男性大学生占 30.41%,女性大学生占

32%;就一般了解的层面而言,男性大学生占 25.52%,女性大学生占 36.86%;就不太了解的层面而言,男性大学生占 17.53%,女性大学生占 16.89%;就非常不了解的层面而言,男性大学生占 5.93%,女性大学生占 2.47%。这也从某种程度表明,男性大学生的态度比女性大学生更为笃定。

表 5   性别对课程思政的了解程度有显著影响

变量	非常不了解	不太了解	一般	比较了解	非常了解	合计
女性	29	198	432	375	138	1172
频率/%	2.47	16.89	36.86	32.00	11.77	100.00
男性	23	68	99	118	80	388
频率/%	5.93	17.53	25.52	30.41	20.62	100.00

卡方=38.0654
Sig=0.000

(2)年级对课程思政的了解程度无显著影响

由表 6 可知,在调查的 1560 个有效样本中,年级的显著性为 0.286,大于 0.05,说明年级对于大学生对课程思政概念的了解程度不具有显著性,未通过卡方检验。换言之,大学生所处的年级,并不能影响大学生对课程思政概念的感知程度。

表 6   年级对课程思政的了解程度无显著影响

变量	非常不了解	不太了解	一般	比较了解	非常了解	合计
大一	27	125	258	215	108	733
频率/%	3.68	17.05	35.20	29.33	14.73	100.00
大二	10	66	144	130	43	393
频率/%	2.54	16.79	36.64	33.08	10.94	100.00
大三	13	69	123	132	61	398
频率/%	3.27	17.34	30.90	33.17	15.33	100.00
大四	2	6	6	16	6	36
频率/%	5.56	16.67	16.67	44.44	16.67	100.00

卡方=14.2418
Sig=0.286

（3）专业对课程思政的了解程度有显著影响

由表 7 可知,在调查的 1560 个有效样本中,专业的显著性为 0.003,小于 0.05,说明专业对于大学生对课程思政概念的了解程度具有显著性,通过卡方检验。具体来说,在比较了解和非常了解的层面上,人文社科类专业的大学生占比 44.02%,理工科类专业的大学生占比 51.24%,艺术体育类专业的大学生占比 54.81%,其他专业的大学生占比 40.17%。也就是说,相比于人文社科类专业的大学生,理工科类和艺术体育类专业的大学生反而对课程思政概念更为了解,笔者认为这与上课内容直接相关。理工科类和艺术体育类专业的大学生在课堂上对思政元素的感知与人文社科类大学生的感知程度要更为明显。

表 7　专业对课程思政的了解程度有显著影响

变量	非常不了解	不太了解	一般	比较了解	非常了解	合计
人文社科类	21	130	270	242	89	752
频率/%	2.79	17.29	35.9	32.18	11.84	100.00
理工科类	14	61	102	112	74	363
频率/%	3.86	16.8	28.1	30.85	20.39	100.00
艺术体育类	5	13	29	37	20	104
频率/%	4.81	12.5	27.88	35.58	19.23	100.00
其他	12	62	130	102	35	341
频率/%	3.52	18.18	38.12	29.91	10.26	100.00

卡方=30.1157
Sig=0.003

（4）家庭所在地对课程思政的了解程度有显著影响

由表 8 可知,在调查的 1560 个有效样本中,家庭所在地的显著性为 0.000,小于 0.05,说明家庭所在地对于大学生对课程思政概念的了解程度具有显著性,通过卡方检验。具体而言,在非常了解和比较了解的层面上,来自城市的大学生占 49.26%,来自农村的大学生占 41.67%;就非常不了解和不太了解的层面而言,来自城市的大学生占 17.16%,来自农村的大学生占 23.81%。换言之,来自城市的大学生比来自农村的大学生对课程思政概念更为了解。

表 8　家庭所在地对课程思政的了解程度有显著影响

变量	非常不了解	不太了解	一般	比较了解	非常了解	合计
城市	26	112	270	253	143	804
频率/%	3.23	13.93	33.58	31.47	17.79	100.00
农村	26	154	261	240	75	756
频率/%	3.44	20.37	34.52	31.75	9.92	100.00

卡方＝26.8865
Sig＝0.000

(5)学校实施课程思政情况对课程思政的了解程度有显著影响

由表 9 可知,在调查的 1560 个有效样本中,学校是否已经实施课程思政的显著性为 0.000,小于 0.05,说明学校是否已经实施课程思政的情况对于大学生对课程思政概念的了解程度具有显著性,通过卡方检验。具体而言,在已经实施课程思政的学校的大学生,对课程思政概念的非常了解程度占 17.13%,比较了解程度占 38.07%;而未实施课程思政的学校的大学生,对课程思政概念的非常了解程度占 3.57%,比较了解占 7.14%。换言之,学校对课程思政的推动,学校课程思政的实施状态,直接影响大学生对课程思政概念的认知。

表 9　学校实施课程思政情况对课程思政的了解程度有显著影响

变量	非常不了解	不太了解	一般	比较了解	非常了解	合计
实施了	12	105	448	480	216	1261
频率/%	0.95	8.33	35.53	38.07	17.13	100.00
未实施	3	15	7	2	1	28
频率/%	10.71	53.57	25	7.14	3.57	100.00
不知道	37	146	76	11	1	271
频率/%	13.65	53.87	28.04	4.06	0.37	100.00

卡方＝544.7378
Sig＝0.000

(6)课程思政意义的认可程度对课程思政的了解程度有显著影响

由表 10 可知,在调查的 1560 个有效样本中,大学生对课程思政意义认知程度的显著性为 0.000,小于 0.05,说明大学生对课程思政意义的认可程度对于大学生对课程思政概念的了解程度具有显著性,通过卡方检验。具体而言,认为课程思政非常有意义的大学生对课程思政概念非常了解的占 32.54%;认为课程思政比较有意义的大学生对课程思政概念非常了解的占 6.48%;认为课程思政意义一般的大学生对课程思政概念非常了解的占 3.72%。换言之,对课程思政意义的认可程度越高,对课程思政的概念了解 程度也越高。但值得一提的是,认为课程思政非常没有意义的大学生对课 程思政非常了解的比例占 19.35%;认为课程思政比较没有意义的大学生 对课程思政非常了解的比例占 6.98%。也就是说,对课程思政认可程度较 低的大学生,对课程思政的了解程度也比较高。

表 10 课程思政意义认可程度对课程思政的了解程度有显著影响

变量	非常不了解	不太了解	一般	比较了解	非常了解	合计
非常没有意义	12	8	3	2	6	31
频率/%	38.71	25.81	9.68	6.45	19.35	100.00
比较没有意义	6	11	16	7	3	43
频率/%	13.95	25.58	37.21	16.28	6.98	100.00
一般	14	73	118	54	10	269
频率/%	5.2	27.14	43.87	20.07	3.72	100.00
比较有意义	14	127	296	270	49	756
频率/%	1.85	16.8	39.15	35.71	6.48	100.00
非常有意义	6	47	98	160	150	461
频率/%	1.3	10.2	21.26	34.71	32.54	100.00

卡方= 410.1803
Sig= 0.000

(7)大学生对课程思政的欢迎程度对课程思政的了解程度有显著影响

由表 11 可知,在调查的 1560 个有效样本中,大学生对课程思政的欢迎 程度的显著性为 0.000,小于 0.05,说明大学生对课程思政的欢迎程度对于 大学生对课程思政概念的了解程度具有显著性,通过卡方检验。

具体而言,在课程思政概念比较了解和非常了解的层面上,非常欢迎课 程思政的大学生占 68.78%,比较欢迎课程思政的大学生占 46.23%,无所谓 课程思政的大学生占 21.61%,不太欢迎课程思政的大学生占 32.18%,非常 抗拒课程思政的大学生占 37.83%。总体而言,越欢迎课程思政的大学生,越 会主动地去了解课程思政的概念,对课程思政概念的了解程度也就越高。

表 11　大学生对课程思政的欢迎程度对课程思政的了解程度有显著影响

变量	非常不了解	不太了解	一般	比较了解	非常了解	合计
非常抗拒	8	7	8	5	9	37
频率/%	21.62	18.92	21.62	13.51	24.32	100.00
不太欢迎	9	32	37	27	10	115
频率/%	7.83	27.83	32.17	23.48	8.7	100.00
无所谓	19	83	152	55	15	324
频率/%	5.86	25.62	46.91	16.98	4.63	100.00
比较欢迎	9	105	257	277	42	690
频率/%	1.3	15.22	37.25	40.14	6.09	100.00
非常欢迎	7	39	77	129	142	394
频率/%	1.78	9.9	19.54	32.74	36.04	100.00

卡方＝378.3516

Sig＝0.000

(8)考核中是否涉及课程思政的内容对课程思政的了解程度有显著影响

由表 12 可知,在调查的 1560 个有效样本中,考核中是否涉及课程思政的内容的显著性为 0.000,小于 0.05,说明考核中是否涉及课程思政的内容对于大学生对课程思政概念的了解程度具有显著性,通过卡方检验。

具体而言,考核中较多涉及课程思政内容的大学生对课程思政概念比较了解和非常了解的比例占 64.84%,考核中偶然涉及课程思政内容的大学生对课程思政概念比较了解和非常了解的比例占 38.38%%,考核中基本不涉及课程思政内容的大学生对课程思政概念比较了解和非常了解的比例占 22.42%。换言之,课程成绩的设计对大学生了解课程思政有一定的导向作用。

表 12　考核中是否涉及课程思政的内容对课程思政的了解程度有显著影响

变量	非常不了解	不太了解	一般	比较了解	非常了解	合计
基本不涉及	23	64	48	29	10	174
频率/%	13.22	36.78	27.59	16.67	5.75	100.00
偶然涉及	21	164	343	255	74	857

续表

变量	非常不了解	不太了解	一般	比较了解	非常了解	合计
频率/%	2.45	19.14	40.02	29.75	8.63	100.00
较多涉及	8	38	140	209	134	529
频率/%	1.51	7.18	26.47	39.51	25.33	100.00

卡方= 248.8595
Sig= 0.000

综上,随着学生性别、年级、专业、家庭所在地的不同,以及学生对课程思政意义认知程度的不同,对课程思政欢迎程度的不同,考核中有无课程思政内容的不同,学生对课程思政概念的了解程度也不同。这不仅让我们了解了现阶段学生对课程思政的接受现状,还向我们表明,对课程思政概念的接受程度等都是可以通过一定的方式改变和推进的。但在推进的过程中,一方面要照顾不同背景的学生的接受程度;另一方面要通过提高学生对课程思政的接受程度、意义感知,利用一定的引导力量得以实现。这一维度的分析,给予课程思政建设与改革的直接启示是:课程思政建设与改革不能"一刀切",既要充分考虑课程本身的特点,也要认真分析不同专业、不同性别、不同学习与成长背景的学生的情况,只有将以人为本的理念真正落实到课程思政建设与改革之中,充分考虑并尽可能尊重与满足不同群体对于课程思政建设的需求,课程思政在实践中才可能更加切合学生成长需要,才能更好体现出针对性与时效性。要实现这样的目标,高校教师在进行课程思政建设与改革的过程中,特别是进行教学设计的过程中,就不能够仅仅将目光聚焦于学科、专业和课程本身,也不能笼统地考虑共性的"思政"要求,而是要在充分了解和分析学生情况的基础上进行合理化地设计,让课程思政真正契合不同学生群体的需求,让"最适合的"来成就"最好的",这应该是深刻在教师头脑中的课程思政变革理念。

(二)教师层面的调查分析与结论

1.基本情况
(1)性别

数据显示,本次参与高校课程思政调研的高校教师共 525 人,其中男性教师共 251 人,占总人数的 47.81%;女性教师共 274 人,占总人数 52.19%,具体如表 13 所示。

表 13　教师层面的性别情况

性别	人数/人	百分比/%	累计百分比/%
男性	251	47.81	47.81
女性	274	52.19	100.00
总计	525	100.00	

(2)年龄

数据显示,本次参与高校课程思政调研的高校教师平均年龄处于 36 岁至 45 岁之间,其中 87 名高校教师处于 25 岁至 30 岁的年龄段;73 名高校教师处于 31 岁至 35 岁的年龄段;111 名高校教师处于 36 岁至 40 岁的年龄段;137 名高校教师处于 41 岁至 45 岁的年龄段;54 名高校教师处于 46 岁至 50 岁的年龄段;63 名高校教师处于 51 岁及以上的年龄段,具体如表 14 所示。

表 14　教师层面的年龄情况

年龄	人数/人	百分比/%	累计百分比/%
25～30 岁	87	16.57	16.57
31～35 岁	73	13.90	30.48
36～40 岁	111	21.14	51.62
41～45 岁	137	26.10	77.71
46～50 岁	54	10.29	88.00
51 岁及以上	63	12.00	100.00
总计	525	100.00	

(3)教龄

从教书年限来看,本次调研中 10 年以上教龄的教师有 305 人,占调研总教师人数的 58.10%,2 年以内教龄的教师有 81 人,占调研总教师人数的 15.43%;2—5 年教龄的教师有 63 人,占调研总教师人数的 12%;5—10 年教龄的教师有 76 人,占调研总教师人数的 14.48%,具体如表 15 所示。

表 15 教师层面的教龄情况

教龄	人数/人	百分比/%	累计百分比/%
2 年以内	81	15.43	15.43
2—5 年	63	12.00	27.43
5—10 年	76	14.48	41.90
10 年以上	305	58.10	100.00
总计	525	100.00	

(4)学位

从教师获得的最高学位来看,本次参与调研的教师以硕士为主。学士为 61 人,占总教师人数的 11.62%;硕士为 309 人,占总教师人数的 58.86%;博士为 155 人,占总教师人数的 29.52%,具体如表 16 所示。

表 16 教师获得的最高学位情况

学位	人数/人	百分比/%	累计百分比/%
学士	61	11.62	11.62
硕士	309	58.86	70.48
博士	155	29.52	100.00
总计	525	100.00	

(6)教授的专业类别

从教师教授的专业类别来看,教授工科类的教师为 98 人,占总人数的 18.67%;教授理科类的教师为 54 人,占总人数的 10.29%;教授经管类的教师为 70 人,占总人数的 13.33%;教授文史类的教师为 126 人,占总人数的 24%;教授基础课类的教师为 70 人,占总人数的 13.33%,具体如表 17 所示。

表 17 教师所教授的专业类别情况

教授的专业类别	人数/人	百分比/%	累计百分比/%
工科类	98	18.67	18.67
理科类	54	10.29	28.95
经管类	70	13.33	42.29
文史类	126	24.00	66.29

续表

教授的专业类别	人数/人	百分比/%	累计百分比/%
基础课类	70	13.33	79.62
其他	107	20.38	100.00
总计	525	100.00	

2.教师对课程思政建设的了解情况

关于教师对课程思政建设的了解情况,本书主要通过四个方面进行呈现:其一是教师对于课程思政工作的理解程度;其二是课程思政建设进度情况;其三是教师对于课程思政建设取得效果的评价;其四是教师对于高校开展课程思政建设的意见与建议。

(1)教师对于课程思政工作的理解程度

教师对于课程思政工作的理解程度,主要通过四个方面进行呈现:是否了解高校课程思政改革工作;对课程思政的理解;在专业课或基础课中引入哪些思政元素是必要的;专业课程是否需要融入课程思政元素。

就教师对高校课程思政改革工作的了解程度而言,17.71%的教师认为自己对高校课程思政改革工作非常了解;49.9%的教师认为自己对高校课程思政改革工作比较了解;28.19%的教师认为自己对高校课程思政改革工作了解程度一般;仅4.19%的教师认为自己对高校课程思政改革工作不太了解。值得注意的是,在被调查的525位教师中,没有一位教师认为自己对高校课程思政改革工作一点都不了解,具体如图13所示。

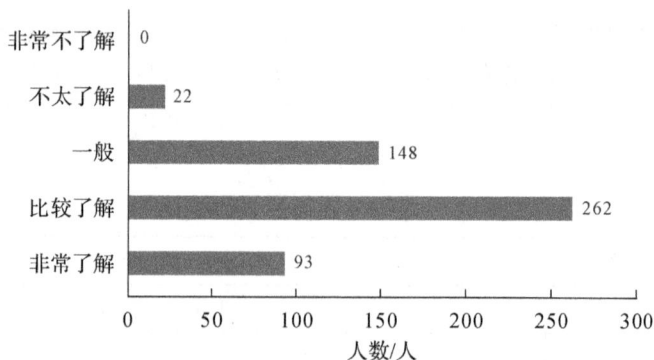

图13 教师对高校课程思政改革工作的了解程度

　　就教师对高校课程思政的理解情况而言,450 人次的被调研教师认为课程思政就是挖掘各专业课程所蕴含的思想政治教育元素,把做人做事的基本道理、社会主义核心价值观的要求,以及实现民族复兴的理想融入专业课程教学中,让课程思政建设与思政课程同向而行;400 人次的被调研教师认为课程思政就是在专业课程中宣传思政知识,宣传融入习近平新时代中国特色社会主义思想,实现民族复兴的理想;374 人次的被调研教师认为课程思政就是专业课程中加入思政的案例,结合专业实践加深理解社会主义核心价值观的要求,实现民族复兴的理想;318 人次的被调研教师认为专业课程中加入思政的章节,强化专业实践要体现社会主义核心价值观,实现民族复兴的理想,具体如表 18 所示。

表 18　教师对高校课程思政的理解情况

选项	人数/人	百分比/%
专业课程中宣传思政知识,宣传融入习近平新时代中国特色社会主义思想,实现民族复兴的理想	400	76.19
专业课程中加入思政的章节,强化专业实践要体现社会主义核心价值观,实现民族复兴的理想	318	60.57
专业课程中加入思政的案例,结合专业实践加深理解社会主义核心价值观的要求,实现民族复兴的理想	374	71.24
挖掘各专业课程所蕴含的思想政治教育元素,把做人做事的基本道理、社会主义核心价值观的要求,以及实现民族复兴的理想融入专业课程教学中,让课程思政建设与思政课程同向而行	450	85.71
总计	525	100.00

　　当问及教师在专业课或基础课中引入思政课,哪些元素有必要时,排名前三的元素分别为爱岗敬业的责任意识、爱党爱国的情感和民族复兴的时代意识。具体来说,430 人次的教师认为民族复兴的时代意识有必要引入专业课或基础课;444 人次的教师认为爱岗敬业的责任意识有必要引入专业课或基础课;437 人次的教师认为爱党爱国的情感有必要引入专业课或基础课;368 人次的教师认为人类命运共同体思维有必要引入专业课或基础课;372 人次的教师认为尊师重教的礼仪意识有必要引入专业课或基础课;359 人次的教师认为追求真理的世界观有必要引入专业课或基础课;428 人次的教师认为积极向上的人生观有必要引入专业课或基础课;386 人次的教师认为正直诚信的价值观有必要引入专业课或基础课;321 人次的教师认为职业伦理教育有必要引入专业课或基础课;41 人次的教师认为只

讲授学科知识,专业课或基础课中不需要融入其他内容,具体如图 14 所示。

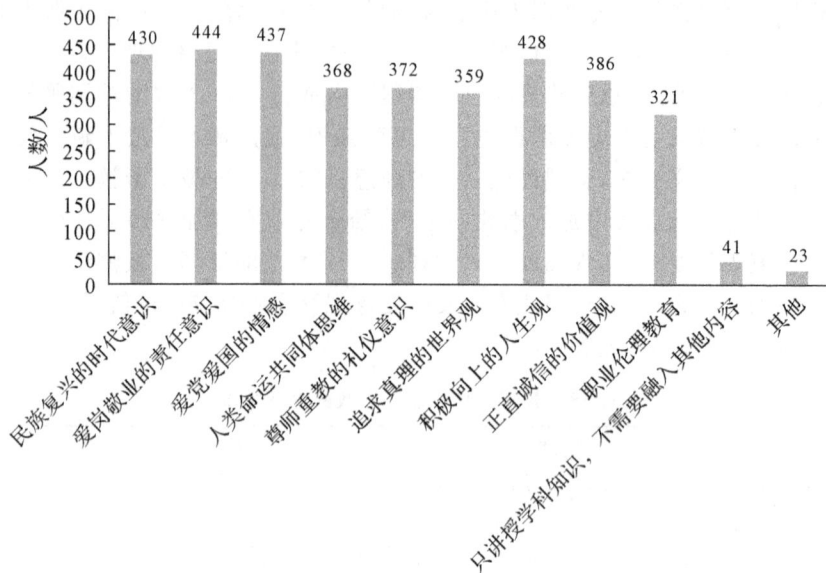

图 14　教师认为哪些思政元素有必要引入专业课或基础课

　　当问及专业课程是否需要融入课程思政元素时,60.38%的教师认为专业课程非常需要融入课程思政元素;28.38%的教师认为专业课程比较需要融入课程思政元素;1.9%的教师认为专业课程比较不太需要融入课程思政元素;仅 0.38%的教师认为专业课程完全不需要融入课程思政元素,具体如图 15 所示。

　　从上述教师对于课程思政的认知情况看,随着课程思政概念的提出和改革的深入,课程思政的相关理念和要求已经逐渐深入教师的思想观念之中,教师对于课程思政的良好认知程度为后续开展课程思政建设与改革提供了良好的基础,教师对于专业课程中的思政元素融入价值也有了比较清晰、一致的认知。这一方面意味着当前课程思政建设与改革的精神宣传、政策宣讲等比较到位,教师对课程思政的基本精神和要求已经有较为普遍的整体把握,接下来应该注重加强教师对于课程思政建设理念和内涵的深层次理解。同样,教师对于课程思政的较好理解也意味着新时代高校课程思政建设和改革的重心应该放在教师课程思政实践领域的变革上,即有效提升教师课程思政的实践意识与实践能力,特别是结合专业教学实践有效实施课程思政的能力。

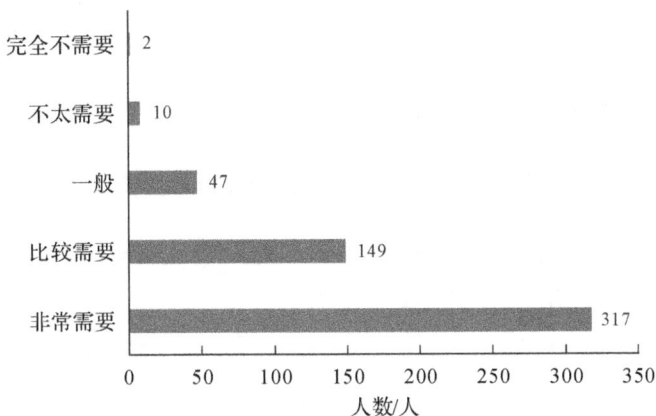

图 15　教师对专业课程是否需要融入课程思政元素的看法

（2）课程思政建设进展情况

对于课程思政建设进展情况，本调查主要从两大方面来呈现：一方面是教师开展课程思政建设工作的情况；另一方面是教师在开展课程思政过程中遇到的困惑以及得到的支持。对于教师开展课程思政建设工作的情况，主要通过五个方面进行呈现：思政元素融入专业课程是否有难度；围绕课程思政，目前教师自身做了什么样的工作；课堂内容是否涵盖课程思政的元素；课程思政建设中采取的教学方法；对学生综合成绩的考核是否囊括了思政内容。对于教师开展课程思政过程中遇到的困惑以及得到的支持通过四个方面进行呈现：一般通过哪些渠道获得课程思政建设的理念和方法；课程思政对于自身而言的积极作用；近三年是否参加过课程思政的相关会议和培训；开展课程思政工作面临的困难。

教师开展课程思政建设工作的情况主要通过教师对课程思政元素融入专业课程的难度感知，以及教师自身的努力等方面来进行呈现。

就思政元素融入专业课程是否有难度而言，3.24％的教师表示将思政元素融入专业课程还是非常困难的；39.62％的教师表示将思政元素融入专业课程比较困难；41.33％的教师表示将思政元素融入专业课程难度一般；14.10％的教师表示将思政元素融入专业课程比较容易；仅 1.71％的教师表示将思政元素融入专业课程是非常容易的，具体如图 16 所示。

围绕课程思政，目前教师自身做了什么样的工作呢？401 人次的教师表示自己阅读并领会了相关政策和文件精神；311 人次的教师表示自己按照课程思政要求修订了教学大纲；399 人次的教师表示自己思考过如何在本课程中融入课程思政；266 人次的教师表示阅读过课程思政的相关研究

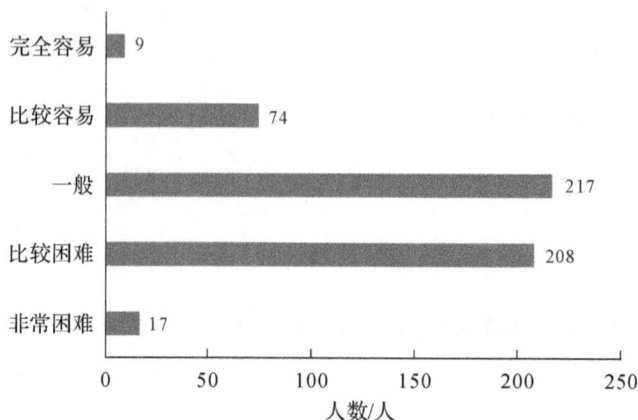

图 16   教师将思政元素融入专业课程的难易程度

文献;236 人次的教师表示参加过课程思政的主题研修或培训;131 人次的教师表示撰写过课程思政的论文、案例;102 人次的教师表示申报过课程思政的示范课或相应研究项目;仅 16 人次的教师表示以上都没有做过,具体如图 17 所示。

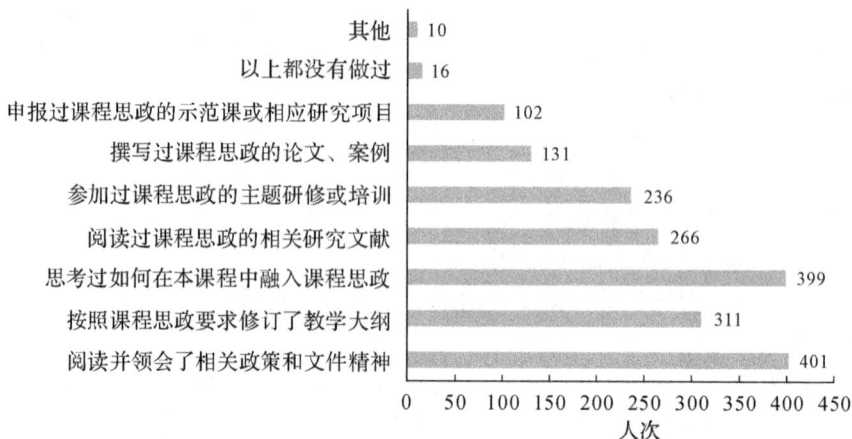

图 17   教师为课程思政做过的工作

当问及教师的课程内容是否涉及理想信念、爱国情怀、品德修养、奋斗精神以及国际理解五方面时,50.48%的教师表示经常涉及理想信念的问题,56.38%的教师表示经常涉及爱国情怀方面的内容,60%的教师表示经常涉及品德修养方面的内容,60.38%的教师表示经常涉及奋斗精神方面的内容,42.29%的教师表示经常涉及国际理解方面的内容,具体如表 19 所示。

　　为了更好地了解教师课堂涉及这五方面内容的情况,在统计中采取五分量表的方式对经常涉及赋值为 5,较为经常涉及赋值为 4,一般赋值为 3,很少涉及赋值为 2,基本不涉及赋值为 1,最终形成最低为 5,最高为 25 分的总指标。统计显示,教师课堂内容涉及这五方面的情况,最低的分数为 7 分,最高的分数为 25 分,均值为 21.39,标准差为 3.71。

表 19　课堂内容涉及理想信念、爱国情怀、
品德修养、奋斗精神、国际理解方面的情况

选项	人数/人	百分比/%
涉及理想信念方面的内容		
基本不涉及	6	1.14
很少涉及	24	4.57
一般	89	16.95
较为经常涉及	141	26.86
经常涉及	265	50.48
总计	525	100.00
涉及爱国情怀方面的内容		
基本不涉及	2	0.38
很少涉及	11	2.10
一般	85	16.19
较为经常涉及	131	24.95
经常涉及	296	56.38
总计	525	100.00
涉及品德修养方面的内容		
基本不涉及	3	0.57
很少涉及	8	1.52
一般	74	14.10
较为经常涉及	125	23.81
经常涉及	315	60.00
总计	525	100.00

续表

选项	人数/人	百分比/%
涉及奋斗精神方面的内容		
基本不涉及	4	0.76
很少涉及	12	2.29
一般	64	12.19
较为经常涉及	128	24.38
经常涉及	317	60.38
总计	525	100.00
涉及国际理解方面的内容		
基本不涉及	10	1.90
很少涉及	48	9.14
一般	94	17.90
较为经常涉及	151	28.76
经常涉及	222	42.29
总计	525	100.00

当问及教师课程思政建设中经常采用的教学方法是什么的时候，排名前三的教学方法为讨论式教学、教授式教学以及案例教学。具体来说，366人次的教师表示采取的是讨论式教学；350人次的教师表示采取的是教授式教学；336人次的教师表示采取的是案例教学，具体如图18所示。

当问及是否在学生的综合成绩中体现了思政方面的考核内容时，267位教师表示尚未体现；258位教师表示已经在学生的综合成绩中体现了思政方面的考核内容，具体如图19所示。

关于教师在开展课程思政过程中遇到的困惑以及得到的支持情况。教师是教书育人的实施主体，也是课堂教学的第一责任人。课程思政建设的落实需要教师去实践和开拓。因此，为了更好地了解课程思政改革的现状，就需要了解教师在此过程中的困惑和得到的支持。

就教师如何获得课程思政建设的理念和方法而言，423人次的教师表示是通过上级（学校）有关政策和文件获得课程思政建设的理念和方法的；374人次的教师表示是通过主题报告或研讨会获得课程思政建设的理念和

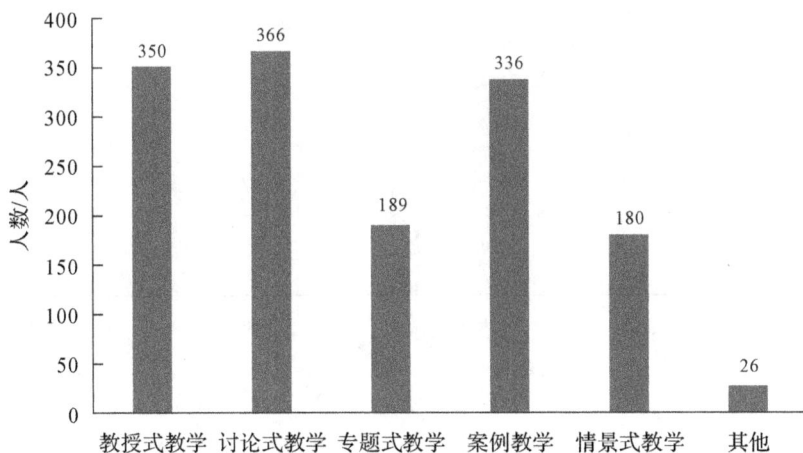

图 18　教师在课程思政建设中采用的教学方法

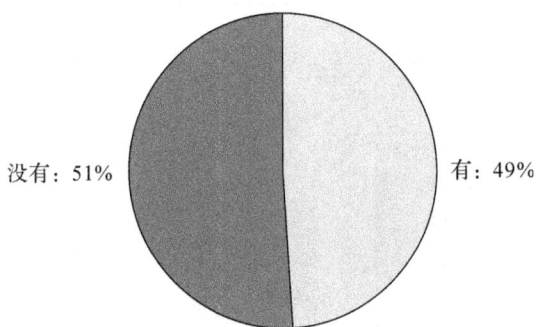

图 19　教师是否在学生的综合成绩中体现思政方面的考核内容

方法的;333 人次的教师表示是通过相关的网络平台获得课程思政建设的理念和方法的;308 人次的教师表示是通过学习、观摩示范课程获得课程思政建设的理念和方法的,具体如图 20 所示。

　　就近三年教师是否参加过课程思政的相关会议或培训而言,12.38％的教师表示从未参加过课程思政相关会议或培训;40.38％的教师表示参加过院、系课程思政会议或培训;33.71％的教师表示参加过校级层面的课程思政会议或培训;3.62％的教师表示参加过市级层面的课程思政会议;6.29％的教师表示赴外省市参加过课程思政会议,具体如图 21 所示。

　　就课程思政对教师自身而言是否有积极作用,94.10％的教师表示对自身起到了积极作用,仅 5.90％的教师表示对自身没有积极作用,具体如图 22 所示。

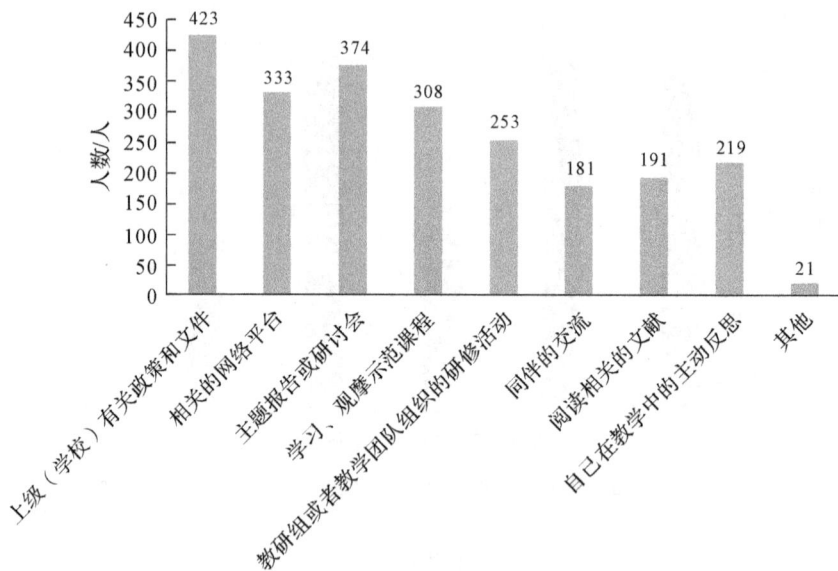

图 20　教师通过何种渠道获得课程思政建设的理念和方法

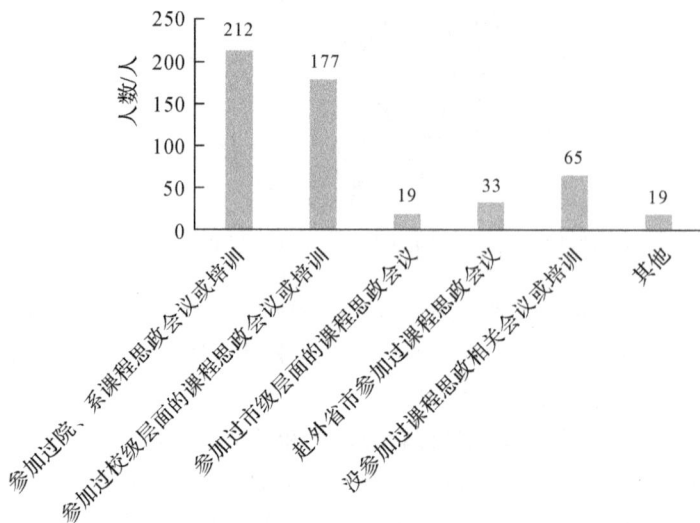

图 21　教师近三年是否参加过课程思政的相关会议或培训

当问及教师开展课程思政工作面临的困惑有哪些时,246 人次的教师表示对课程思政本身的内涵和价值理解不清;225 人次的教师表示没有章法,不知道具体应该怎么做;220 人次的教师表示教学、科研压力大,没时间

没有：5.90%

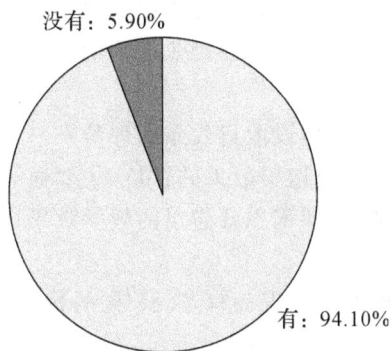

有：94.10%

图 22　课程思政对教师自身而言是否有积极作用

思考课程思政；169 人次的教师表示担心课程思政硬性融入会引起学生反感；129 人次的教师表示害怕课程思政的融入会挤压专业教学的时间；59 人次的教师表示不知道课程思政改革能产生什么成效，具体如图 23 所示。

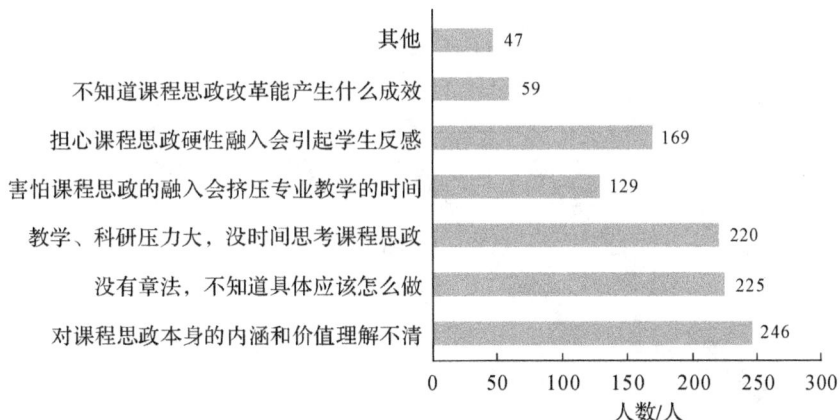

项目	人数
其他	47
不知道课程思政改革能产生什么成效	59
担心课程思政硬性融入会引起学生反感	169
害怕课程思政的融入会挤压专业教学的时间	129
教学、科研压力大，没时间思考课程思政	220
没有章法，不知道具体应该怎么做	225
对课程思政本身的内涵和价值理解不清	246

人数/人

图 23　教师开展课程思政工作面临的困惑

　　从上述教师对于课程思政的实践情况看，相较于教师对课程思政的认知，实践领域的困惑显然更多地困扰着教师。一方面，教师普遍认识到课程思政建设与改革的重要价值，也进行了一定的探索，但是这些探索往往都是教师以单独个体为单位进行的探索，缺少专业组织和学校层面的统筹领导，导致教师很多时候并不能真正有效把握课程思政实践领域的操作要求，特别是如何将思政元素有效融入专业教学中，教师往往缺少有效的设计和实践能力；另一方面，课程思政改革作为一种系统性的变革，是一种从理念到实践的整体变革，仅仅依靠教师以个体为单位进行探索，恐怕难以形成有效的变革体系,教师普遍感受到在这一过程中需要更多的专业引领和支持,这种引领和支持要聚焦到实践层面,要聚焦教师的现实困惑,要以不增加教师的负担为重要前提。

(3)教师对于课程思政建设取得效果的评价

教师对于课程思政建设取得效果的评价,主要通过三个方面进行呈现:课程思政建设的开展情况;课程思政建设的教学效果;课程思政改革中学生的态度。

就课程思政建设的开展情况而言,6.86%的教师表示需要进一步学习后再开展;53.33%的教师表示刚刚起步,还在思考探索中;29.14%的教师表示有完整的规划,但还需要展开改革实践;9.71%的教师表示课程思政建设开展得非常好,非常成熟了,具体如图 24 所示。

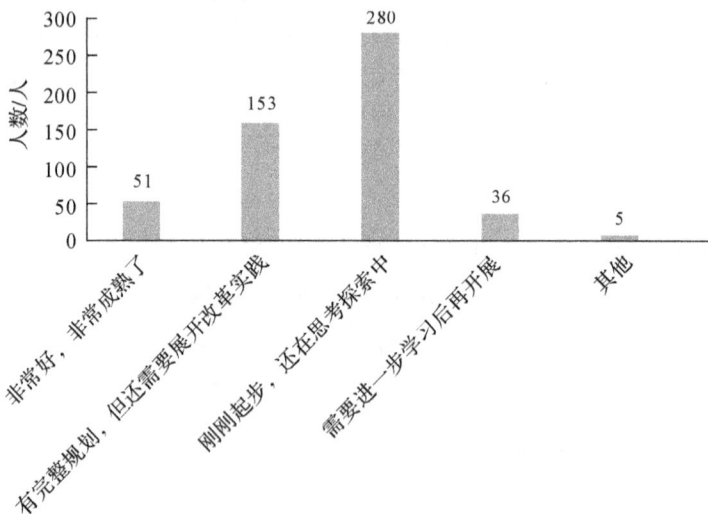

图 24　课程思政建设的开展情况

就课程思政改革中学生的态度来说,16.76%的教师认为目前的课程思政改革学生非常欢迎,认为和专业课结合较好,形式多样;50.29%的教师认为目前的课程思政改革学生比较欢迎,认为专业课结合实事,有意义;31.05%的教师认为学生态度一般;1.14%的教师认为学生比较抵触,认为非常枯燥;0.76%的教师认为学生非常抵触,认为太多思政元素,比较牵强,具体如图 25 所示。

就课程思政建设的教学效果而言,15.43%的教师认为目前普遍的课程思政建设的教学效果非常好;40.76%的教师认为目前普遍的课程思政建设

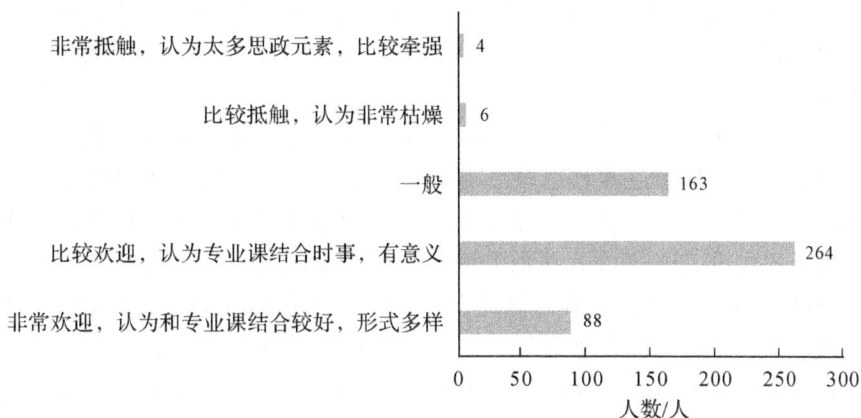

图 25　课程思政改革中学生的态度

的教学效果比较好；41.33％的教师认为目前普遍的课程思政建设的教学效果一般；2.10％的教师认为目前普遍的课程思政建设的教学效果比较差；0.38％的教师认为目前普遍的课程思政建设的教学效果非常差，具体如图26所示。

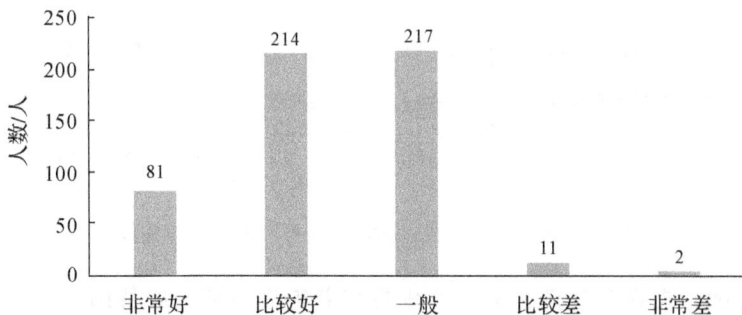

图 26　课程思政建设的教学效果

　　从上述调查的情况看，对于课程思政建设的实践成效，多数教师认为课程思政的实践成效难以令人满意。一方面，大量教师对于课程思政的探索依然处于起步阶段，尚没有形成完整系统和科学有效的设计；另一方面，即便是从单方面看，课程思政建设的成效教师也没有十足的把握。这说明课程思政建设与改革任重道远，需要经过持续的探索和积累，这也恰好说明了本书研究和写作的实践价值。

　　（4）教师对于高校开展课程思政建设的意见与建议

　　对于课程思政建设如何更好开展，本书从三个层面对教师进行调查：第一,教师更愿意以什么方式推进课程思政建设工作;第二,在课程思政建设过程中,教师更想得到怎么样的帮助;第三,教师对加强思政课实践教学的建议。

就教师更愿意学校以何种形式推进课程思政建设工作,315人次的教师表示希望学校通过课程思政专题研究立项的方式推进课程思政建设工作;322人次的教师表示希望学校通过课程思政优秀案例评选的方式推进课程思政建设工作;303人次的教师表示希望学校通过课程思政示范课程选拔、推广的方式推进课程思政建设工作;260人次的教师表示希望学校通过课程思政专题研讨会或报告会的方式推进课程思政建设工作;133人次的教师表示希望学校通过开展教育思想大讨论的方式推进课程思政建设工作,具体如图27所示。

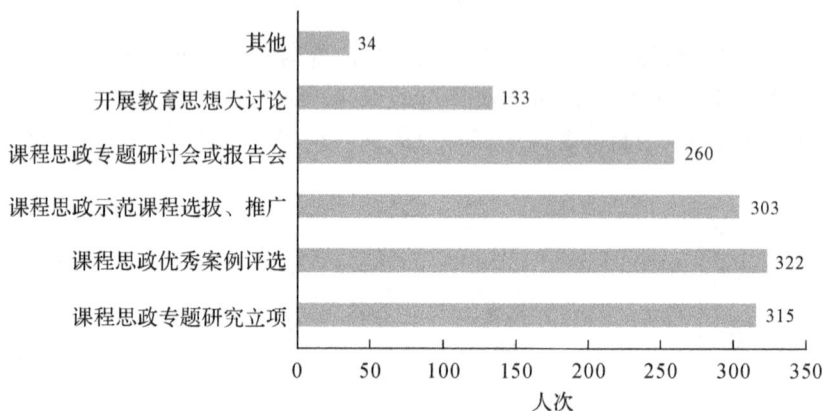

图 27　教师希望学校以何种方式推进课程思政建设

就教师在课程思政建设过程中更想获得哪种形式的帮助,381人次的教师希望得到融入课程的思政元素的挖掘研讨或指导;367人次的教师希望得到教学方式、方法及手段的学习及研讨;265人次的教师希望参加课程思政相关会议或培训;285人次的教师希望现场观摩优秀示范课的教学过程;136人次的教师希望进行马克思主义理论、党的十九大精神等最新精神的学习和培训;173人次的教师希望获得专项经费支持,获得专家指导、培训等,具体如图28所示。

当问及教师对加强课程思政实践教学的建议时,70人次的教师希望能建立足够的实践教学基地;192人次的教师希望能构建成熟的实践教学模式;120人次的教师希望学校高度重视,提供足够人力、财力保障;30人次的教师希望编写相关教材;78人次的教师希望学校与社会为课程思政实践教

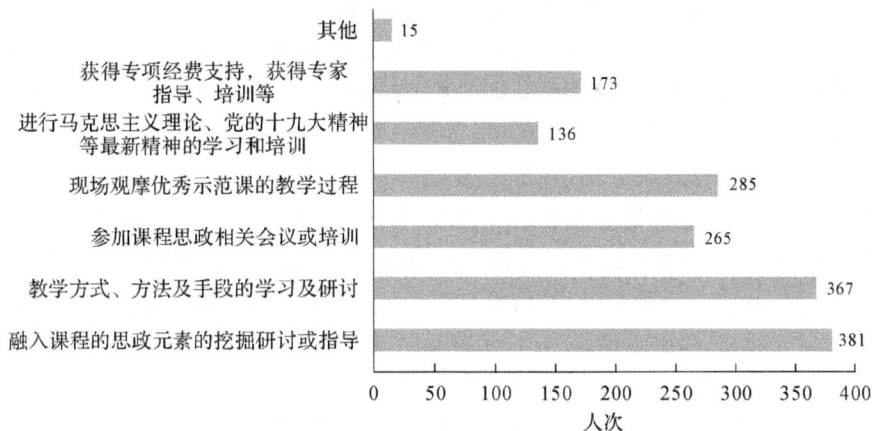

图 28　教师希望在课程思政建设过程中获得哪些帮助

学创造条件；14 人次的教师希望加强过程监督，具体见图 29 所示。

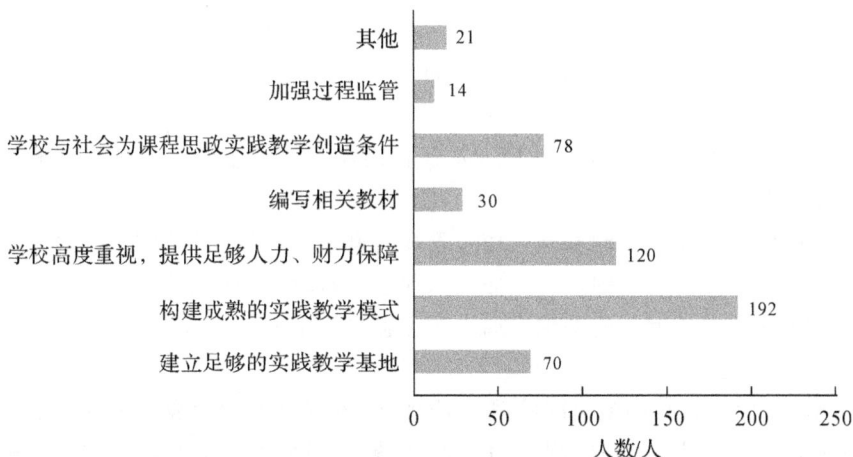

图 29　加强课程思政实践教学的建议

　　高校教师是课程思政建设的主力军，牢固树立教师的主体意识，增强教师的执行能力，健全支撑能力体系是确保课程思政得以良性运行的基本保障。但就现状来看，尽管教师在对课程思政充分认可，但在实际过程中仍遭遇很多的问题；尽管教师会利用各种渠道去了解和实施课程思政，但离理想的课程思政还有一定的距离；尽管教师都颇具经验，但在课程思政的领域仍需得到各方的指导和帮助。因此，课程思政改革仍有很长的路要走。

3.教师了解课程思政建设情况的原因探析

为了探析教师了解课程思政建设情况背后的原因,本书通过测量因变量教师的课程思政实施情况,从而进行多元线性回归分析。多元线性回归模型,公式如下:

$$Y = B_0 + B_1 X_1 + B_2 X_2 + B_3 X_3 + \cdots + B_k X_k + \varepsilon$$

其中,Y 为因变量即课程思政实施情况;X_1、X_2、X_3……X_k 为自变量;B_1、B_2、B_3……B_k 为模型的非标准化回归系数,它表示在控制其他变量的情况下,X_k 每改变一个单位,Y 平均改变 B_k 个单位;B_0 为截距,表示当自变量全部为 0 时,Y 的平均值;ε 为不可观测的随机误差。B_k 的绝对值越大,表明自变量 X_k 与 Y 的关系越密切。在具体的分析中,将自变量分为几组(block),采用全部进入法(enter)将定义的所有变量一次性引入回归方程。为了凸显各研究变量的独立影响作用,每次回归分析中将要考察的变量作为一组最后放入方程。

本书共采用了 6 个模型,具体操作如下:

模型 1:放入控制变量性别、教龄、专业、留学经历。

模型 2:在模型 1 的基础上加入教师对高校课程思政改革工作的了解情况。

模型 3:在模型 1 的基础上加入专业课程是否需要融入课程思政元素的认知情况。

模型 4:在模型 1 的基础上加入思政元素融入专业课程的难易程度。

模型 5:在模型 1 的基础上加入课程思政对教师的积极作用。

模型 6:在模型 1 的基础上加入课程思政学生的态度认知。

(1)因变量

对于课程思政实施情况的测量,国内尚未有成熟的量表。本书在借鉴国内学者对课程思政研究现状的基础上,最终测量了教师课堂内容是否融入理想信念、爱国情怀、品德修养、奋斗精神、国际理解等五个方面的实际情况。

在具体的操作过程中,被调查者从经常涉及(5 分)到基本不涉及(1 分)中选择,Cronbach's alpha 值为 0.87,高于可接受的最低标准 0.7,说明该量表的一致性程度比较高。同时,本书将此量表加总,最终标准化分数得到的0—100 分值的连续变量,即教师课程思政现状指数,总样本的教师涉及课程思政实施情况的均值为 80.77,标准差为 20.34。具体情况如图 30 所示。

(2)自变量

本书中的自变量主要包括教师对课程思政五方面的了解情况;教师对

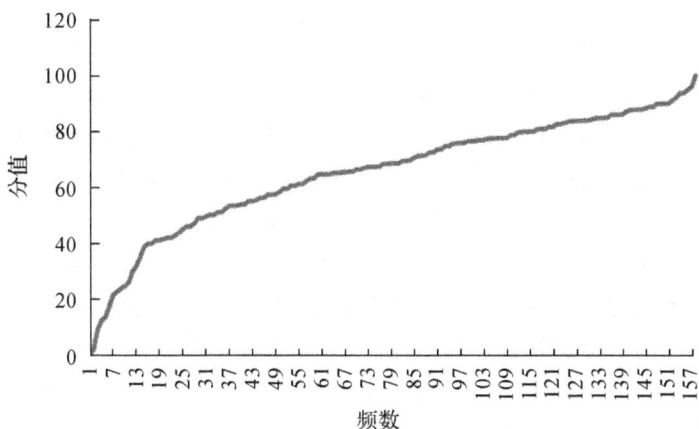

图 30　课程思政实施的得分情况

高校课程思政改革工作的了解情况、教师对专业课程融入课程思政元素的认知情况、教师对思政元素融入专业课程的难易程度的认知情况、教师对于课程思政对自身积极作用的认知、教师对课程思政改革中学生态度情况的认知。

教师对高校课程思政改革工作的了解情况:5 分代表非常了解,4 分代表比较了解,3 分代表了解程度一般,2 分代表不太了解,1 分代表非常不了解。得分越高,了解程度越深。

教师对专业课程融入课程思政元素的认知情况。教师认为专业课程是否需要融入课程思政元素:5 分代表非常需要,4 分代表比较需要,3 分代表需要程度一般,2 分代表不太需要,1 分代表完全不需要。得分越高,需要程度越强烈。

教师对思政元素融入专业课程的难易程度的认知情况。教师认为将思政元素融入专业课程是否有难度:5 分代表非常困难,4 分代表比较困难,3 分代表困难程度一般,2 分代表比较不困难,1 分代表非常不困难。

教师对于课程思政对自身积极作用的认知。教师认为课程思政对自身是否有积极作用:1 代表没有,0 代表有。

教师对课程思政改革中学生态度情况的认知。教师认为目前课程思政改革中学生的态度:5 分代表非常欢迎,4 分代表比较欢迎,3 分代表态度一般,2 分代表比较不欢迎,1 分代表非常不欢迎。得分越高,欢迎程度越高。

同时,本书还在回归模型中加入了人口统计学变量,包括性别(虚拟变量 0=女性,1=男性)、教龄(1=2 年以内,2=2 至 5 年,3=5 至 10 年,4=10 年以上),是否有留学经历(虚拟变量 1=有,0=没有)。

（3）统计结果

在表 20 中，教师对高校课程思政改革工作的了解情况、教师对专业课程融入课程思政元素的认知情况、教师对思政元素融入专业课程的难易程度的认知情况、教师对于课程思政对自身积极作用的认知、教师对课程思政改革中学生态度情况的认知均对教师课程思政的实施现状发挥显著作用。其中，模型一检验的是个体特征性因素对教师课程思政的实施现状的影响状况，模型二、模型三、模型四、模型五、模型六通过逐步回归的方式检验了教师对高校课程思政改革工作的了解情况、教师对专业课程融入课程思政元素的认知情况、教师对思政元素融入专业课程的难易程度的认知情况、教师对于课程思政对自身积极作用的认知、教师对课程思政改革中学生态度情况的认知对教师课程思政的实施现状的影响状况。为了避免自变量之间出现共线性问题，本书对回归模型进行了共线性诊断（VIF）。研究显示，各个变量的方差膨胀因子都是小于 10 的，经验研究表明，当 $0 < VIF < 10$ 不存在共线性，因此，本书中的自变量之间不存在多重共线性问题，具体如表 20 所示。

表 20 教师课程思政实施情况的 OLS 分析模型

变量	控制变量		专业					留学经历	自变量						常数项	R^2
	性别	教龄	理科类	经管类	文史类	基础课类	其他	留学经历	课程思政改革工作了解情况	思政元素融入专业课的需求情况	思政元素融入专业课的难度情况	课程思政对教师的积极作用	课程思政自身的积极作用	课程思政改革中学生的欢迎程度	常数项	R^2
模型一	1.357 (−1.773)	0.851 (−0.758)	−9.521** (−3.29)	1.51 (−3.037)	8.571** (−2.645)	14.68*** (−3.084)	2.513 (−2.767)	1.106 (−1.977)							73.41*** (−3.26)	0.106
模型二	0.366 (−1.679)	−0.29 (−0.73)	−9.011** (−3.107)	3.11 (−2.875)	7.422** (−2.502)	14.32*** (−2.912)	4.135 (−2.621)	−0.361 (−1.876)	8.685*** (−1.089)						44.48*** (−4.758)	0.204
模型三	1.468 (−1.559)	−0.369 (−0.676)	−6.509* (−2.89)	2.934 (−2.662)	7.662** (−2.317)	13.07*** (−2.7)	3.283 (−2.428)	0.999 (−1.744)	5.721*** (−1.057)	9.579*** (−1.029)					12.44* (−5.59)	0.319
模型四	1.539 (−1.55)	−0.652 (−0.68)	−6.061* (−2.877)	2.741 (−2.647)	7.184** (−2.31)	13.01*** (−2.684)	3.284 (−2.414)	0.642 (−1.738)	5.397*** (−1.058)	9.443*** (−1.024)	−2.554** (−0.95)				23.72*** (−6.964)	0.328
模型五	1.301 (−1.527)	−0.39 (−0.673)	−6.289* (−2.834)	2.227 (−2.61)	6.762** (−2.277)	12.14*** (−2.651)	2.59 (−2.383)	0.623 (−1.712)	5.382*** (−1.041)	7.841*** (−1.08)	−2.197* (−0.939)	13.89*** (−3.366)			16.43* (−7.082)	0.35
模型六	0.605 (−1.506)	−0.0495 (−0.664)	−5.715* (−2.783)	2.3 (−2.56)	6.036** (−2.239)	12.06*** (−2.601)	3.046 (−2.34)	0.762 (−1.679)	4.442*** (−1.042)	6.680*** (−1.09)	−1.719 (−0.927)	12.01*** (−3.327)	4.951*** (−1.077)		5.776 (−7.323)	0.376

注：*** $p<0.001$，** $p<0.01$，* $p<0.05$；2 参照组：a 工科。

　　数据显示,模型一对教师课程思政的实施现状的解释力为 $R^2=0.106$。其中,教师所教授专业对因变量的影响极为显著。具体而言,相对于工科类教师融入课程思政元素的实施得分,理科类教师融入课程思政元素的实施得分低 9.521 分,换言之理科类教师相较于工科类教师融入课程思政元素更不频繁;相对于工科类教师融入课程思政元素的实施得分,文史类教师融入课程思政元素的实施得分高 8.571 分,换言之,文史类教师相较于工科类教师融入课程思政元素更为频繁。相对于工科类教师融入课程思政元素的实施得分,基础课类教师融入课程思政元素的实施得分高 14.68 分,换言之,基础课类教师相较于工科类教师融入课程思政元素更为频繁。这与课程思政的实际较为符合,相较而言,文史类和基础课类的教师更能挖掘课程思政元素。

　　模型二中,加入教师对课程思政改革工作的了解情况后,教师课程思政实施现状的解释力为 $R^2=0.204$。具体而言,教师对课程思政改革工作的了解情况每增加 1 分,教师课程思政实施现状的得分就增加 8.685 分。换言之,教师对课程思政改革工作越了解,就越有利于课程思政的实施。

　　模型三中,加入教师对思政元素融入专业课的需求情况后,教师课程思政实施现状的解释力为 $R^2=0.319$。具体而言,教师越认为思政元素需要融入专业课程,教师课程思政的实施现状的得分就越高。也就是说,教师对思政元素融入专业课程的认可程度越高,就越有利于课程思政的实施。

　　模型四中,加入教师对思政元素融入专业课的难度情况后,教师课程思政实施现状的解释力为 $R^2=0.328$。具体而言,教师认为思政元素融入专业课程的难度每增加 1 分,教师课程思政实施现状的得分就减少 2.554 分。换言之,对于教师而言,思政元素融入专业课程难度越大,就越不利于教师开展课程思政工作。

　　模型五中,加入课程思政对教师自身的积极作用后,教师课程思政实施现状的解释力为 $R^2=0.350$。具体而言,相较于认为加入课程思政对自身没有积极作用的教师,认为课程思政对自身有积极作用的教师的课程思政实施现状的得分增加了 13.89 分。

　　模型六中,加入课程思政改革中学生的欢迎程度后,教师课程思政实施现状的解释力为 $R^2=0.376$。具体而言,教师认为在课程思政改革中,学生对课程思政的欢迎程度每增加 1 分,教师课程思政的实施现状得分就高 4.951 分。换言之,学生对课程思政的欢迎程度越高,就越有利于教师实施课程思政。

三、高校课程思政建设情况的问题分析

从概念上说，"课程思政"是高校课程改革的新尝试，是"大思政"教学理念、学科德育理念，以及"隐性思想政治教育"的延伸，既要注重在授业中传道，也要重视在传道中育人，要达到一种潜移默化的教书育人效果。高校课程思政工作是当前高校思政教育工作一个重要的环节，为避免对大学生开展思想政治教育时出现"孤军奋战"的情况，各大高校积极推进课程思政改革建设，但根据课题组的调研情况来看，尽管各大高校积极推行，在教师、学生群众中营造了较好的氛围，但却仍存在一定的问题。本节主要就上一节中存在的现状进行深入分析，分析高校课程思政建设中存在的问题，为构建更好的高校课程思政路径建言献策。

（一）课程思政改革的理念落实不够到位

课程思政概念的出现，是以构建"全员-全方位-全过程"育人格局为目标的，是将"立德树人"作为教育的根本任务的一种综合的教育理念。教育部将课程思政的内涵定义为，梳理各门专业课所蕴含的思想政治教育元素和所承载的思想政治教育功能，融入课堂教学各环节，实现思想政治教育与知识体系教育的有机统一。[1] 因此，所谓的课程思政是在不同课程的专业特色和学科特色的情况下，挖掘思想政治教育资源中的可挖掘元素，在适合的教学条件下，实现学生的思想政治教育。课程思政不是让专业教师在课堂上以固定的时间来进行思想政治教育，也不是让专业教师简单地将思想政治理论知识直接搬运至课堂中，生搬硬套，这样只会适得其反。真正的课程思政，是润物无声的，是在遵循教育规律的前提下，结合专业特点进行潜移默化的价值引导。

调查显示，13.97%的大学生认为对课程思政的概念非常了解，31.6%的大学生表示对课程思政的概念比较了解；17.71%的教师认为自己对课程思政建设工作非常了解，49.9%的教师认为自己对课程思政建设工作比较了解。但是真有45%以上的学生对课程思政概念如此了解，有67.61%的教师对课程思政建设工作了如指掌吗？并非如此。虽有45%以上的学生

---

〔1〕　中共教育部党组.高校思想政治工作质量提升工程实施纲要：教党〔2017〕62号〔Z〕.

认为自己对课程思政概念比较了解，但当问及哪些课程需要融入思政元素时，仅有 17.31% 的大学生认为所有课程均需要融入课程思政元素。当问及教师当前专业课程是否需要融入课程思政元素的看法时，仍有 39.62% 的教师表示没有那么迫切需要。这就是高校课程与思想政治教育功能脱节的结果，也是课程思政理念仍浮于表面，课程思政未能真正落实表现出来的现实情况。究其原因，一方面是因为现有课程体系弱化了课程思政的功能，导致全课程育人理念的缺位，教师以及学生均未能较好地从"思想政治理论课是开展思想政治教育的主渠道"这一理念中转化过来；另一方面是因为长期受前一种理念的影响，教师对于思政教育元素的挖掘浮于表面，致使课程思政工作流于形式。

（二）课程思政的全课程育人体系建构不够全面

教师和学生的全课程育人思想的缺位，对课程思政内涵的理解偏差，主要与当前课程育人工作呈现出的泾渭分明的格局相关。即专业课程、思政课程、基础课程各司其职，壁垒分明。换言之，专业课程负责专业知识和技能的培育工作，思想政治理论课负责学生的思想政治教育工作，基础课程是负责体育、美育等方向的通识类教育工作，造成这一现象的主要原因就是对于课程的思想政治教育功能认识不足，将思想政治教育当作思政课程的任务。"思想政治理论课是开展思想政治教育的主渠道"这一理念已经深入人心，这种错误的观念和模糊的认识导致"课堂是教书育人的主渠道"这一理念被忽略，只认可课堂是教书的主渠道，却忘记了课堂同样也是育人的主渠道。造成这样的原因一方面是因为高校中现有的人才培养体系弱化了课程的思想政治的教育功能；另一方面则是因为课程育人理念未深入落实。

第一，高校中现有的人才培养体系弱化了课程的思想政治教育功能。各高校根据人才培养目标，对专业人才进行总体设计。课程是构成专业的基本要素，根据专业的不同需要，学校通过不同的课程，以各门课程的不同内涵与特色，共同支撑专业设计，实现人才培养目标。但在现在的专业设计中，往往以知识传授与能力养成作为教学目标，忽视了价值引领这一重要的指向，课程的思想政治教育功能被弱化。比如，在案例研究中发现，浙江某高校文化产业管理专业在 2018 年的本科生培养方案中，提出的培养总目标是"培养具备较高综合文化素质，掌握文化产业管理、文化行政管理和文化企业经营基础知识、文化政策和法律知识，了解国内外文化产业的经营特点和运作规律，能够在文化企业、社区文化部门及各类企业从事文化产品与服务的创意、策划、组织、营销等商务运作的人才"。这一培养方案,仅仅体现出了对学生知识与能力的要求,没有任何价值引领的要求。除知识结构与能力要求外,并没有体现出与国家的前途命运或社会发展相结合的要求。这不仅使教师弱化了课程原本的思政功能,还让学生没有在最开始就把课程的思政功能纳入其中。

第二,课程育人理念未深入落实。大学生经历高考,进入各大高校就读不同的专业,为四年后进入社会,满足市场需求进行各种准备。尽管人才培养的要求因不同专业而有所不同,但总目标却是一致的,即通过高等教育的德育、智育、体育、美育,进而成为全面发展的人。《中国教育现代化2035》中明确提出,要发展"中国特色世界先进水平的优质教育。全面落实立德树人根本任务,广泛开展理想信念教育,厚植爱国主义情怀,加强品德修养,增长知识见识,培养奋斗精神,不断提高学生思想水平、政治觉悟、道德品质、文化素养。增强综合素质"[1]。因此,为学生和教师树立全课程育人的理念至关重要。思政理论课程,要以马克思主义为指导,帮助学生学好中国特色社会主义理论,正确认识国内国外大势,树立"四个自信",为其终身发展打好底色;基础课程,要让学生融通文理,给学生思想的启迪、心灵的共振,在提高学生综合素质的过程中强化价值引领;专业课程,不仅要为学生未来的职业发展奠定坚实的知识和能力基础,还要将本专业的学科精神、职业道德和社会责任感等传授给学生,让学生在专业课的学习中,不仅能习得知识,还能习得做人的道德,做事的方法。

(三)课程思政的教育元素挖掘不够深入

课程思政是一种潜移默化的教学过程。60.38%的教师认为专业课程非常需要融入课程思政的元素。当探究需要融入哪些课程思政的元素时,民族复兴的时代意识、爱岗敬业的责任意识、爱党爱国的情怀、人类命运共同体思维、尊师重教的礼仪意识、追求真理的世界观、积极向上的人生观、正直诚信的价值观、职业伦理教育等都有不同人次的教师选择,但没有一种理念是全部人都选择的,这可能是专业不同,也有可能是教师对思政元素融入课程的理解不同。但当问及大学生课程思政课堂教学中的思政元素是如何

---

〔1〕　中共中央、国务院印发《中国教育现代化2035》[EB/OL]. (2019-02-23)[2020-07-20]. http://www. moe. gov. cn/jyb _ xwfb/gzdt _ gzdt/201902/t20190223 _ 370857. html? eqid = bee399390007d1a500000004642bc83f.

呈现的？13.08％的大学生表示，教师只传授本学科本专业的内容；49.42％的大学生表示，教师以学科专业为主，偶然穿插一定的思政教育元素。仅11.47％的大学生表示教师对思政教育有针对性地设计；15.77％的大学生表示教师很好地融入了思政教育元素。这就表明，尽管教师对于思政课堂的理解较为到位，但目前的课程思政情况并不容乐观。究其原因，就是教师的课程思政意识仍然不强，理念还未能指导其实践，主要表现在以下三个方面。

第一，思政教育元素挖掘"浮于表面"。调查研究中，学生对于课程思政的意义非常认可，对于思政元素融入专业课程教学的态度也非常欢迎，认为课程需要融入与课程相关的思想政治教育内容。对于"专业课程中融入对学科精神、职业道德、行业规范等方面的教育"，绝大多数师生都认为有必要。这就表明，学生对于课程思政是有一定接受底线的，那就是思政元素与课程本身之间的契合性与逻辑性，思政元素与课程知识点之间的关联性与融洽性。但在目前的课程思政实践教学中，大多老师仍浮于表面，只是将马克思的经典理论和话语运用到教学中。尽管这也是课程思政的表现，但是为了完成课程思政教育目标，仅套用马克思主义的经典理论，没有根据实际的课堂内容进行深挖，这与课程思政的理念是背道而驰的。

第二，思政教育元素挖掘"泛思政化"。2019年《全面推进高校课程思政建设》的文件中，提出课程思政内容体系是"紧紧围绕坚定学生理想信念，培育和践行社会主义核心价值观，以爱党、爱国、爱人民为主线，围绕政治认同、家国情怀、文化素养、法治意识、道德修养等重点优化课程思政内容供给"[1]。但是这些元素的融合一定要建立在对课程本身知识结构的深刻把握上，要重视"知识－能力－价值"三维目标之间的关系。所谓的课程思政教育一定是在知识传授、能力养成的基础上，传达给学生们政治认同、家国情怀、文化素养、法治意识、道德修养等相关概念的，不能只讲价值引领而不讲知识传授。若将专业课、基础课都讲成思想政治理论课，出现"泛思政化"的现象，那学生们学习到的只有干瘪的思想政治理论，却无专业知识和技能，无法满足社会和市场的需求，也违背了课程思政的初衷。

第三，思政教育元素挖掘"一刀切"。思政教育元素的挖掘，还应紧紧把握住课程属性和学科优势，要重视合理的度的把握。每一门课程都有其自身的特点和优势，因此在思政元素的挖掘上要因课而异，要在保持好专业课

---

〔1〕　全面推进高校课程思政建设[EB/OL]. (2019-10-31)[2020-10-26]. http://www. moe. gov. cn/jyb_xwfb/xw_fbh/moe_2606/2019/tqh20191031/sfcl/201910/t20191031_406254. html.

原有属性的基础上,处理好课程价值取向。分析不同课程的属性,像哲学、社会学、历史学、法学等一些意识形态属性较强的课程,其课程内容本身就带有社会主义核心价值观,这些课程理应成为课程思政建设探索的"急先锋"。像自然科学类课程开展课程思政时,就不能简单地从课程内容出发,要更关注课程设计,从求真务实的工匠精神、爱岗敬业的职业道德等方位进行切入,注重学生的实际感受。像实践性较强的一些课程,要从价值取向、责任意识等方面引导学生,让学生有更多的感触和体验。

(四)教师课程思政的意识与能力有待提升

有理想信念、有道德情操、有扎实学识、有仁爱之心的"四有"好老师是教师一生的追求。教师的教学魅力与专业素养直接影响着学生的学习态度与行为举止。教师的授课过程,表面上仅是一种知识的传达,但实际上却是知识传授、能力培养、价值引导等相统一的过程。因此,课程思政的顺利推行,一定少不了教师的主体责任。激发教师课程思政的意识是课程思政取得实效的首要环节。而教师队伍如何转变固有的教学观念,深刻理解课程思政所提倡的全员育人理念,是教师应对课程思政的第一份答卷。然而,就当前而言,仍然存在高校教师课程思政意识不强、能力不足、动力不够等问题。

1. 教师开展课程思政的意识仍有欠缺

教师是授课的主体,亦是育人的主体,在知识传授、能力培养、价值引领等方面发挥着重要作用。教师课程思政意识决定着课程思政目标能否落实。当前,"全员育人"理念已深入人心,几乎每位教师都认可"教书育人"的责任,但是思想政治教育却没有落实到每一门课程上来,教师课程思政协同的意识并不强。

据调查显示,在525位被调研教师中,有401人次的教师表明自己已经阅读并领会了相关政策和文件精神;399人次的教师表示自己思考过如何在本课程中融入课程思政;311人次的教师表示自己按照课程思政要求修订了教学大纲;266人次的教师表示自己阅读过课程思政的相关研究文献;236人次的教师表示参加过课程思政的主题研修或培训;仅131人次的教师撰写过课程思政的论文、案例;仅102人次的教师申报过课程思政的示范课或相应研究项目。换言之,尽管课程思政的概念教师都有所了解,但是落实到实际行动,并认真思考的老师其实并不多。当问及教师是否在学生的综合成绩中体现课程思政的内容时,仅有49%的教师表示有,绝大多数的老师并没有在综合成绩中体现课程思政的内容。

就课堂内容是否涉及理想信念、爱国情怀、品德修养、奋斗精神、国际理解五个方面的内容来看,被调研教师反馈,涉及理想信念方面的内容的占50.48%,涉及品德修养方面的内容的占60%,涉及爱国情怀方面的内容的占56.38%,涉及奋斗精神方面的内容的占60.38%,涉及国际理解方面的内容的占42.29%,具体如图31所示。换言之,课程思政在课程中还未普及,仍有近50%的教师认为自己的课堂中基本不涉及这些内容。

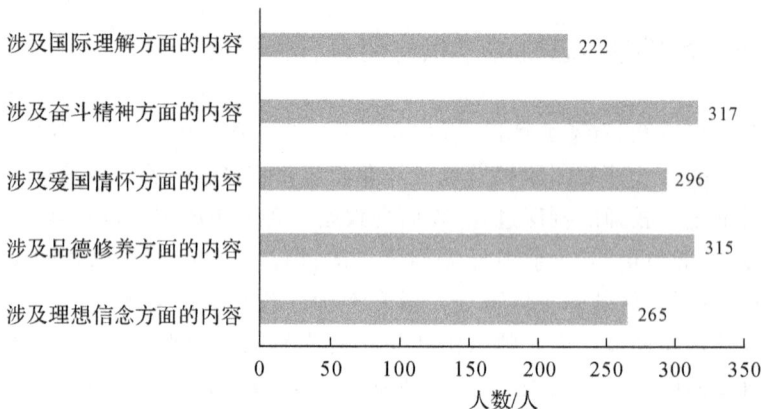

图31　课堂内容涉及理想信念、爱国情怀、品德修养等五方面的内容情况

就此现状,本次调研深入访谈了十余位被调研教师。根据访谈情况,一般以两种情况居多:一种是课程思政意识缺乏,认为与自己无关;另一种是虽然有课程思政的意识,但缺乏系统概念。

第一种观念,教师课程思政意识缺乏,认为与自己无关。持这种观点的教师认为,课程有明确的专业属性和专业特点,课堂就是要给予学生对理论知识的足够认知,价值引领不应该在课堂中开展,而应该使学生保持其科学性。例如,有老师明确表示,在他看来,每位老师的价值观也不尽相同,用老师的价值观去影响学生他觉得并不合理,他认为,学生应该有自己的判断,有自己的理据。还有部分教师认为,不同类型的教师所承担的工作职责是不一样的,专业教师就应该完成好专业课堂的教学,思政教育应该有辅导员以及思政专业课教师完成。在他们看来,若专业老师在课堂上进行思政教育,那不仅会影响专业课程的正常开展,还会影响自身的教学质量。

第二种观点,教师虽然有课程思政的意识,但缺乏系统概念。访谈中,有部分教师表示,会将课程中思想政治教育内容挖掘出来,并通过课程进行价值引领。但是这部分教师现有的课程思政意识具有非系统性,一般是依靠教师自身的敏感性和敏锐力为学生开展课程思政,往往受教师本人素养水平的限制。本书认为,这类教师尽管具有自发的课程思政意识,但是这种意识是无自觉的课程思政意识。所谓的自觉课程思政意识是高于自发课程思政意识的,具有自觉课程思政意识的教师会自觉认识和注意到教学过程中存在的思政过程,主动挖掘课程内容与教学过程中的思政元素,进行教育情境的创设,开展价值引领。自发课程思政意识主要是教师因师德动力和自身价值驱动,开展的课程思政行为。在自发课程思政意识下开展课程思政的教师一般会遇到两种情景。第一种情景是教师只能看到比较显性的课程思政内容,挖掘不到隐藏得比较深的内容。例如有老师提到,她在教授艺术设计专业课程时,看到有体现劳动人民元素的地方,会引入劳动光荣等理念,但是这种的自发意识,使得她在讲授时既讲不深,也讲不透,因为她对劳动光荣等理念没有系统地了解过,更不会引导学生从劳动这个观点出发,立足时代、扎根人民、深入生活,树立正确的艺术观念和创作观念。第二种情景是教师不清楚课程中的内容是否可以开展课程思政。有的时候是明确知道这个知识点可以开展思政教育,但是怕自己讲不好所以不讲;有的时候是不确定到底要不要讲,把不准所以不讲。例如有老师提到,有一次她想通过《人民的名义》来讲中国腐败的问题,但是他担心课堂中有学生会质疑,到时候不好收场,他就没有讲;又有一次,他给学生讲教育的话题,提到知青的问题,随着学生问题越问越多,自己的回答越来越贫瘠,后来就暂停了。

2.教师开展课程思政的内在动力与外在动力不足

教师开展课程思政建设,顺利实施课程思政工作,不仅要有课程思政意识,还要有动力。当前高校课程思政改革建设中更多的是对教师开展课程思政的要求,而较少考虑如何创造外在动力并激发内在动力促进教师开展课程思政。

教师开展课程思政的内在动力不足。教师开展课程思政的内在动力是指教师将课程思政转化为自身发展的支点,这取决于是否将课程中开展思想政治教育作为自身专业发展的方向,是否认为课程思政是践行师德的必要途径。

首先,高校教师往往将专业化发展作为自己职业的重要目标。发表论文、科研工作对高校教师而言都至关重要,因为这都关系到教师职业生涯的发展。课程思政很显然并没有成为教师发展的原动力。目前高校中,重科研轻教学的现象非常普遍,连教学都排在论文和职称之后,更何况课程思政。正如调查所示,教师为课程思政做过的工作,仅24.95%的教师撰写过课程思政的论文、案例,仅19.43%的教师申报过课程思政的示范课或相应研究项目。这足以证明绝大多数的教师并未将课程思政与自己的科研相挂钩。因此，在开展课程思政建设的过程中，只有少数教师愿意主动参与，认真研究，绝大多数的老师都是应付了事，不得已才开展课程思政。

其次，《师说》有云："师者，所以传道授业解惑也。"即教师不只是简单的教书匠，还要教授学生为人处事的道理与主动学习的可贵品质。换言之，教师不仅要教授知识，还要交给学生宝贵的品行和价值。但是部分高校教师将师德简单地理解为遵守职业道德，从未给自己的行为画过一条底线，认为不违反师德即可。事实上并非如此。师德不仅包括不违反教师行为规范，还应该是教师对高尚师德的追求；教师不仅要学识渊博、教学得法，还要以育人为己任，真正在培养学生健全人格上下功夫。开展课程思政不只是上级的要求，更是教师对于自身工作的要求，实现自身更高价值的追求。很显然，当前很多高校开展课程思政还未将其纳入师德的要求当中，多数教师开展的育人工作还都停留在课下这个层面。课程思政是高校教师追求高尚师德的重要途径，要在课堂上将传道、授业和解惑融为一体，引导学生求真、求善、求美。

教师开展课程思政的外在动力不足。教师开展课程思政的外在动力就是要为课程思政的开展创造良好的氛围和环境，使得课程思政深入人心。首先是舆论氛围。就教师自身的调研感受而言，仍有 32.95% 的教师认为目前课程思政改革中，学生态度比较一般，甚至比较抵触。这不仅不利于教师开展课程思政工作，更会让教师丧失开展课程思政工作的积极性。因此，就目前高校的整体氛围而言，仍缺乏一种强大的支持教师开展课程思政的良好氛围。其次是团队合力。当问及教师在课程思政建设过程中，希望获得哪些帮助时，381 人次的教师希望得到融入课程的思政元素的挖掘研讨或指导；367 人次的教师希望得到教学方式、方法或手段的学习及研讨；285 人次的教师希望去现场观摩优秀示范课的教学过程；265 人次的教师希望参加课程思政相关会议及培训。因此，教师开展课程思政，并不是一个个人行为，而是需要一个团队的协作，从学科到专业，再到课程的具体研讨，都需要一个良好的团队协作。

最后是学校环境。教师对课程思政重视与否，要看学校给予的支持力度和政策导向。学校是否支持将课程思政作为教师职业发展的支点？学校是否认可课程思政是教师师德评价的重要指标？学校是否将课程思政作为教师成长与发展的重中之重？当教师们看到学校非常重视课程思政的开展，看到学校将课程思政作为教学改革的关键时，教师自然也会意识到课程思政的重要性，将课程思政当作一件重要的事情去开展实施。

当然,内在动力与外在动力是相互的,缺一不可。教师开展课程思政既要有内在动力的驱动,又要有外在动力的加持,这样才能将课程思政工作持续不断地开展下去。

3.教师开展课程思政的能力有待提高

高校教师肩负教书的职责,更肩负育人的使命。从新中国成立到现在,党和国家对高校大学生的思想政治教育工作的重视程度从未降低,对各科教师的育人作用的关注程度亦从未减轻。20世纪80年代初,教育部关于加强高等学校学生思想政治工作的意见指出,高等学校各门课程都具有育人功能,所有教师都负有育人职责,不但专职、兼职政工干部要做思想政治工作,业务教师也要做思想政治工作。但在高校的实际教学中,部分教师在发挥育人作用过程中还存在着思政能力不足等问题,很大程度上影响了"课程思政"的实施效果。

在本次调研中,教师开展课程思政的能力在以下四个方面尚有欠缺:缺制定乏课程思政目标的能力,缺乏挖掘思想政治教育元素的能力,缺乏融合课程与思政元素的能力,缺乏运用正确方法与载体的能力。

第一,缺乏制定课程思政目标的能力。每位教师都要根据课程属性制定不同的课程目标。而课程思政依托于课程,必然要从课程出发,但却又不能局限于课程。学科的培养方向、专业的培养方案、课程的专业地位、课程的实施目的,都是课程思政目标制定者需要考虑的问题。但就目前教师开展课程思政而言,有些教师不制定课程思政目标;有些教师将课程思政的目标定位于中观层面,不联系学科也不联系专业;有些教师根据自己的喜好和知识制定课程思政教学目标……这样的课程思政目标缺乏根基,也缺少可操作性。

第二,缺乏挖掘思想政治教育元素的能力。高校教师中,除思想政治理论教师熟知较多思想政治教育资料外,其余教师均不具备专业的思想政治教育能力。尽管教师都熟悉自己的学科教育体系,但对思政教育了解有所欠缺,这导致教师对思想政治元素的理解过于窄化或泛化。所谓的窄化就是只将政治理论当作课程思政元素;所谓的泛化就是把所有跟教育相关的资源都看作是思政元素。因此,培养教师挖掘思政元素的能力至关重要。

第三,缺乏融合课程与思政元素的能力。将课程与思政元素融合,开展润物无声的渗透教育,是开展课程思政的最高境界。因为除了在思想政治理论课中,在专业课和基础课中开展课程思政都应该是隐性的,这与思想政治理论课中显性、直接性、灌输性教育不同,是让学生在不知不觉中接受课程中隐含的思政元素,实现价值引领的作用。但是当前教师开展课程思政最普遍的两种状况：一种是生搬硬套，在课程中强行结合思政元素，导致学生对这一情况比较反感，也不愿意接受这样的宣讲；另一种是在课程最开始，先介绍某个课程思政的元素，然后再开始讲学，这不仅让学生摸不着头脑，还让课程思政失去了原先设想的效果。

第四，缺乏运用正确方法与载体的能力。当询问学生希望以何种形式开展课程思政教学时，变革授课方式，教师少照本宣科，多一些生动活泼的内容占据了首位。但当问及专业课教师一般采取何种形式开展课堂教学时，绝大多数的学生均表示是通过讲述法，不怎么联通一、二、三课堂，也不带学生走入社会开展学习，没有调动起学生的积极性。随之而来的是学生的抵触情绪，学生在课上睡觉，玩手机等现象的屡禁不止，这种消极状态也会影响教师对课程思政所做的尝试和努力，挫伤教师的热情和动力，形成恶性循环。

（五）高校课程思政改革的支持系统不够健全

课程思政建设是一项系统、全面的基础工程，不仅需要理念层面的引领，主体层面的保障，还需要支持体系的构建，全方位保障教师开展课程思政建设。就目前情况而言，高校开展课程思政的培育机制、保障机制、激励机制均存在不同程度的问题。

1.高校开展课程思政的培育机制不健全

教师培训是培养教师教学能力、提升教师专业发展水平的重要途径。高校要开展高质量的课程思政，但对教师却缺乏课程思政的相关培训，正如图 32 所示，高校不仅没有教师入职前的考察与培训，也没有教师入职后关于课程思政内容的系统培训。

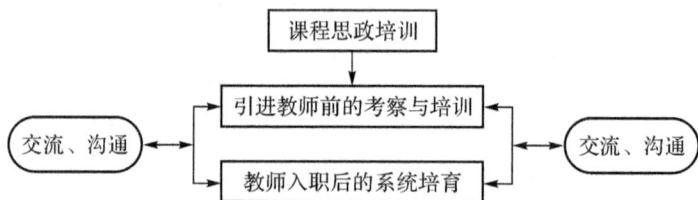

图 32　高校对教师开展课程思政的培训体制的缺失

第一，在教师入职培训中缺乏对课程思政内容的培训，对教师课程思政能力缺乏考察。高校引进人才的政策，往往是根据专业、系所发展而来，但是目前的招聘中更重视引进人才的科研能力与带头能力，更青睐高水平人才,引进教师的授课水平和授课能力并不作为重点考察内容,在面试和试讲中,也未将授课作为考察内容。另外,在引进教师的入职前培训中,尽管会有一些师德教育培训,但其重要内容会放在教师的个人道德品质上,并未对课程思政能力和意识进行针对性的培养。

第二,教师入职后,缺乏对教师的系统培育。高校开展课程思政,就是要求教师将思政元素融入课程中,但绝大多数教师并非思政相关专业的,这就需要系统化和科学化的培训。大多数教师在入职前没有接受过课程思政的专业训练和培训,也就没有明确的课程思政的意识。这一现象不只出现在新上岗的教师身上,甚至专业负责人、学科带头人都没有相关培训经历,因此这种系统性培训的缺乏,使教师对课程思政没能形成系统性的了解。此外,目前高校也缺乏养成性地教育,比如新进教师会有一个听课的过程,若能在听课过程中强化听课程思政的示范课,可能可以对新进教师有一个较好地引导作用,让新进教师有一个明确地努力方向,但这一养成性教育还尚未形成。

第三,缺乏合适的交流途径。高校课程思政的培育机制需要构建的是一个能够跨学校,跨学院,跨部门并且能整合思想政治理论课教师、专业课教师、基础课教师,以及其他职工和学生的协同机制。但目前,课程思政协同的各主体交流少,相互之间没有沟通的机制和渠道,都按照自行的理解开展课程思政,很难达成一致的认识。

2.高校开展课程思政的保障机制不健全

高校开展课程思政建设,从课程出发,但并非课程本身就能解决所有问题,还需要强大的组织保障。只有在党委的领导下制定顶层设计,构建"教学一行政一学工一二级学院"四位一体的协同机制,才能为课程思政协同的实施提供保障。目前,组织保障、平台保障、制度保障的缺失,使得高校教师开展课程思政建设的步履缓慢。

第一,组织保障缺失。当前高校思想政治工作被狭隘地理解为学生工作,课程思政更是被视为教学科研系统。在此种理念的引导下,课程思政工作没有组织保障,更缺乏党政协同,即使课程思政协同体系构建得再完善,也无法落实课程思政的进一步举措。

第二,平台保障缺失。课程思政要取得一定的成效必然离不开平台保障,资源平台给予教师足够的资源选择;协同平台给予教师足够的智力援助;课堂平台给予教师足够的教育空间。但是资源平台的缺失,使得教师没有专业的课程思政资源库,教师只能按照自身的理解开展课程思政;协同平台的缺失,使得教师没有后备援助力量,遇到问题只能自己消化解决;课堂平台的缺失,让教师没有更多的机会去拓展课堂内容,无法做到第一课堂与第二、第三,甚至第四课堂的联动。

第三,制度保障缺失。教学部门在课程思政协同的推进中有着不可推卸的责任,但是若要使课程思政持续发展,卓有成效,制度保障必不可少。在课程建设、教学评价、职称晋升等方面均需要有制度设计,只有这样才能保有教师的热情,激发教师开展课程思政的工作热情。但目前的高校课程思政协同创新工作还没有相关的、较为完善的制度匹配,众多高校只是出台了推进课程思政教育教学改革的通知,并未将课程思政这一要求纳入课程建设、教学评价和教师职称晋升等制度中去,没有真正触动到改革的深水区。

3.高校开展课程思政的激励机制不健全

完善的激励机制是推动课程思政有序开展的基石,将每位教师参与课程思政建设的情况和效果纳入评优奖励、岗位聘用、职称评审、年终考评等考核体系中,并将与教学资源的分配、使用挂钩,形成课程思政建设的良性激励机制,不但可以促使教师明确自身职责,而且能改善课程思政建设生态,全面提高人才培养质量。目前,高校中物质性激励、精神性激励、发展性激励等有效的激励机制仍然较为缺乏。

第一,缺乏物质性激励。高校教师面临着众多的压力,工作和生活均有较大的负担,导致部分教师将工作重心放置在科研成果甚至校外工作上,直接影响了教师的教学工作。因此,高校应设立课程思政的专项保障机制,保障教师开展课程思政工作的积极性,奖励主动参与课程思政改革建设的教师,根据教师课程思政的实际和实效开展绩效考核和评价。

第二,缺乏精神激励。如果说物质激励给了教师课程思政的外在动力,那么精神激励则是激发教师课程思政的内在源泉。精神激励能满足教师的心理需要,对教师具有鼓舞作用。当前高校中的课程思政在很大程度上以党员教师为首,用党员的责任和义务要求教师参与课程思政,但这并非长久之计。因此,要在全校教师中实施课程思政,还需要加强精神激励。这种精神激励一方面是告知教师为人师表的责任和义务;另一方面要挖掘课程思政建设中的典型人物,表彰课程思政建设中的优秀教师,以先进带动先进,激发全体教师主动参与到课程思政的建设中来。

第三,缺乏发展性激励。推动课程思政的长远性发展,就要将课程思政建设与教师自身的发展相结合,也就是对教师有一定发展性激励作用。目前,在教师的评价考核、晋升体系中尽管有师德方面的考评,但考核流于形式。因此,对于课程思政的激励,高校缺乏发展性激励,要抓住教师个人成长发展的"关键点",在教师的职务、职称考核中加入课程思政的相关考核元素,让教师有信心、有意愿开展课程思政。

4.高校课程思政协同创新的评价机制不健全

课程思政评价体系的构建是提升课程思政质量的关键,科学合理的评价体系不仅有利于课程思政工作的推进,还有利于教师开展课程思政能力的提高。所谓的课程思政的评价体系,是评价者依据一定的目标和标准,运用科学的方法对高校课程思政建设作出价值评判的过程。目前,高校课程思政建设主要以融入性探索为主,基本上尚未涉及评价机制。

评价机制的不健全也困扰着教师开展课程思政工作。因此,教师不知道如何衡量自己是否在做课程思政,要做到何种程度才能达到课程思政工作的要求,而这都需要课程评价体系的支撑。只有建立了合适合理的课程思政评价指标体系,才能衡量教师的课程思政教学设计是否合理,课堂教学的实施策略是否有针对性和实效性,才能使课程思政教学工作有章可循,课程思政的教学质量得到不断提升。

第五章

新时代高校课程思政建设的方法设计

　　任何层面的教育变革，关键都在于实践领域的变革与创新。教育变革的本质是立足于实践基础上，对教育现状的积极改变。教育变革价值指导于实践，贯穿于实践，也只能依赖于实践去实现。没有实践作为基础，教育现状就不会被改变，也就谈不上改革，更谈不上教育价值的实现。人类实践的最大特点是在人的思想指导下有目的、有计划地践行。[1] 从这个角度出发，不论是讨论课程思政建设与改革的时代背景，研究梳理，理论框架，还是对课程思政建设与实施的现状开展调查分析，本质上都是为了建构指向于实践改进的新时代高校课程思政建设与改革方法论体系。课程思政是一个复杂的系统，建构课程思政的方法论体系需要借鉴现代课程论和教学论的发展成果，用复杂性的视角看待课程思政的实践推进。应该指出的是，课程思政的价值实现是一个多种元素共同作用的结果，它不能仅仅依赖静态的课堂教学，也要注重学生在实践中的积极情感体验。由此，课堂教学和实践活动应该构成新时代高校课程思政工作实施的两大基本方法论范畴，设计课程思政的实践路径，也应该围绕这两个基本范畴开展。

一、高校课程思政的教学方法

　　教学方法的设计与创新，是推动高校课程思政建设与变革的关键问题。从本质上说，能够根据课程属性和学生的实际情况选择和运用合理的课程

---

〔1〕 曾令英.基础教育改革实践的价值导向与追问[J].中国教育学刊,2015(10):37-40.

思政教学方法,是新时代高校教师的必备技能,也是教师教学专长的重要现实表现。专长是专家经过多年实践经验获取的一种"状态",而教学专长是"基于个体知识、专业经验以及对实践的反思和在反思基础上的创新活动而形成的有效解决教学问题的所有个人特征之总和"[1],有效的教学方法的设计与运用就是这种专长最本质的体现。

从高校课程思政建设与改革的现实需要出发,"培养什么人、怎样培养人、为谁培养人是教育的根本问题,立德树人成效是检验高校一切工作的根本标准"。因此,"课程思政"建设是当前高校人才培养的重要方面,这要求教师既要完成教书任务,更要体现育人责任。而当前课程思政的效果仍面临众多难题,专业课专注于知识体系传授,思政课堂教学也存在单纯强调理论知识体系的学习、缺乏学用结合等问题。加之教师们习以为常照本宣科的枯燥讲授,不注重理论和实践相结合的教学方法的改进,思政课程和课程思政对在网络和新媒体环境下成长起来的青年学生,越来越没有吸引力,以致有形成"孤岛化"的倾向。因此,高校课程思政建设必须具有现代视野、学科视野,秉持"以生为本"的现代教育理念,不断探索课程思政教学方法的改革和定位,要应"学"而"教",以激发学生学习兴趣,培养其自主学习意识和能力;不断探索思想基础和学科视域融合等问题,更好地实现教材体系向教学体系转变[2]。

从上一章节的实证调查结论看,不论是学生还是教师,都已经普遍认识到课程思政的建设与改革如何落实到教学之中是最为关键的问题。对于学生而言,他们迫切需要教师通过教学方法的变革,打破传统思政教育的"说教"现象,提升课程的吸引力,让思政教育在灵活的教学中得到贯彻落实;对于教师而言,他们最为困惑的就是如何通过有效的教学设计将思政教育的元素与学科专业的教学进行有效衔接,特别是通过教学的创新打破"课程"+"思政"的"粘贴式"课程思政做法,实现思政元素与专业教学的深度融合。因此,教学的改革是课程思政变革的前提和基础,也是师生最为关注的课程思政建设与改革问题。

本书之中,笔者尝试从启发式、参与式、互动式、案例式等方面对课程思政教学方法进行探讨。

---

〔1〕　蔡永红,申晓月.教师的教学专长——研究缘起、争议与整合[J].北京师范大学学报(社会科学版),2014(2):15-23.

〔2〕　郭凤志.现代教育理念下高校思想政治理论课教学方法改革路向研究[J].思想理论教育导刊,2013(10):75.

（一）课程思政的启发式教学法

依据本研究的调查，不论是学生还是教师，都普遍认为课程思政建设的内涵是丰富的，其中道德、情感、价值观等领域的引导是课程思政首先要解决的问题，但是这些领域的问题解决，不同于一般的知识传递，必须通过学生自我的理解、感悟、思辨才能够得到内化。由此，在专业教学中融入思政教育，必须尊重思想道德教育的基本规律，彰显学生的主体性，让学生在充分的自我思考、辨析、分享中获得情感道德领域的精神升华，因而，启发式教学在课程思政中的运用就有了现实必要性。

启发式教学法起源于古希腊时期，启发式教育思想被柏拉图推陈和发扬。我国的启发式教学的内涵在孔子时期被提出。中外学者认为，启发式教学可以更好地开发潜能，或是在环境与个体交互过程中逐渐被建构。他们一致认为启发式教学要以问题为切入点，通过拟定和提出问题来引导学生进行独立思考，帮助学生实现从有疑到无疑的状态转变，使其在教师的引导和启发下找出问题的答案。

1.启发式教学法的有效性

高校课程思政如何坚持启发性和灌输性相统一，充分挖掘其中蕴含的思政教育资源，实现全员全方位全过程育人。课程思政要契合新时期教育的要求，充分发挥学生的主体地位，采取灵活多样的教学手段引导学生参与到课堂教学中来，启发式教学就是其中应用非常普遍的教学模式。

传统的理论课和专业课以理论灌输为主，不太重视学生的主体的作用，师生之间缺乏互动、引导和启发，学生也只是一味地被动接受知识。而是引导学生发现、分析、思考和解决问题。

所谓启发式教学，是指教师结合学习内容和学生实际，在教学中通过创设问题情境，使理论与实践相结合，通过科学的教学流程和有效的问题设置，来调动学生参与到学习中来，激发学生的学习兴趣并引导其 独立思考分析问题，凸显学生学习的主体地位，调动学生学习的积极性，从而促进学生更主动的思考和更好地习得知识。其核心是激发学生兴趣，转被动为主动，提升学习效率。"具体教学过程为：创设情境－问题提出－问题探究－自主探索－构建知识。"[1]

---

[1] 邓秋柳，邓秋枝.探析启发式教学法在"社会保障学"课程思政改革中的运用[J].教育教学论坛，2020(17)：13-19.

2.启发式教学法的教学方式

针对启发式教学方式和教学手段、在实践应用中存在的问题及解决思路的研究,宝鸡职业技术学院的雷西发指出了在思政课教学实践中,教师应根据教学实际和学生实际,适当选择和灵活运用提问启发、图表启发、事实启发、诗词启发、音乐启发、幽默启发、比喻启发、情感启发、小品启发等启发式教学手段,增强课堂教学 吸引力,促进教学质量的提高。广东海洋大学黄亮指出现阶段高校思政课启发式教学存在三大矛盾,即启发式教学的条件需求与高校规模 效应之下供给能力的矛盾;传统教学理念与"90 后"新思维的矛盾;"灌输论"的教学方式与高校思想政治理 论课科学性思想性的矛盾。并针对启发式教学出现的问题,提出从观念、制度、教学方法等方面进行改革,切实提高思政课教学的实效性。内蒙古电子信息职业技术学院的贾丽深入剖析了启发式和讨论式教学法相结合应用于思政课堂教学实践,具体做法是将这一教学法细化为设计问题、课堂讨论、小组汇总发言、评价打分等一系列的程序,并通过每一环节实践促使学生对所学的内容理解、消化和吸收[1]。

3.启发式教学法的教学案例

笔者所在学校的"基础俄语(三)"是俄语专业核心课程,其中部分章节采取启发式教学法,根据各专题实际教学内容,深挖育人资源,选取文字、视频、音频等形式的相关中俄国情文化材料,精心设计教学环节,开展思政教育。

在谈及思政元素与设计思路时,实施教师认为,"现代教学理论认为,教学是一种对话。教学的过程是师生之间、生生之间、师生与文本之间的对话过程。学习者带着各自的原有认知与经验参与课堂活动,通过有效的言语达成视域融合。而对话的条件是对话参与方要平等、宽容,彼此信任并悦纳对方。同时,对话课堂的目标不局限于结论的获得,而是以问题为导向,在具体讨论中师生之间彼此敞亮,既能达成共识,也允许异见存在。对话课堂中的教师是学习的发起者、推动者,是课堂秩序的维护者,更是学生成长的陪伴者。而在课程思政的过程中,更要遵循平等对话的原则,只有这样才能以'润物无声'的方式最终实现立德树人这一教育的根本任务"。因此,在实际授课的过程中,该教师很好地开展了启发式教学,充分凸显了学生的主体地位,有效地实施了课程思政。举例如下:

---

[1] 李春双,赵梓博.高校思想政治理论课教学方法改革研究综述[J].中国多媒体与网络教学学报,2019(11):29-30.

教学单元一：人的外貌

知识点：故事女主人公为了吸引男主人公注意决定改变发型，被发型师误操作而剃光头发，不得不用假发遮挡，却意外地受到不知情的男主人公关注。

思政融入：讨论(1)"女为悦己者容"的做法是否可取；(2)如何看待当代社会日益普遍的"外貌焦虑"现象；

预期效果：树立正确的人生观和价值观，努力提升自身素质，不轻易被外部评论左右个人选择。

教学单元二：人的性格

知识点：故事男主人公是一名默默无闻的图书馆工作人员，认为自己毫无价值。直到一位著名学者误认为他已经离世，给图书馆写信表达对他的感谢时，才让大家开始思考他的平凡而伟大。

思政融入：学习抗疫英雄、脱贫英雄们的先进事迹；尝试相关词汇汉译俄"精准扶贫、精准脱贫"；了解中国的"十四五"规划；

预期效果：正确理解平凡和伟大的辩证关系，培养爱岗敬业的职业态度；关注中国现阶段的社会经济发展状况，认识到肩负的社会责任，培育家国情怀，增强对社会主义制度的自信。

教学单元三：兴趣爱好

知识点：兴趣爱好因人、因时而异，应根据人的能力和阶段特点进行选择；当兴趣与学业冲突时应当作出取舍。

思政融入：思考兴趣爱好培养与终身学习之间的关系；通过了解俄罗斯知识日和学习中国古代典籍中关于学习的名言的俄译，体会中俄两国文化传统中对学习重要性的强调；讨论"当人生中面临选择时应该如何进行取舍"。

预期效果：正确认识自我，培养适合自己、有益身心的兴趣爱好，发展积极的学习和人生态度，培养健康向上的人格；树立用俄语讲述中国故事的意识。

教学单元四：戏剧电影

知识点：在俄罗斯剧院中观看表演时的礼仪和注意事项；俄罗斯著名导演——尼基塔·米哈尔科夫。

思政融入：了解中国电影的发展史，反思中国电影院中的不文明现象；分组观看历年斩获国际电影节奖项的中国电影，思考和讨论中国文化如何走出去。

预期效果：增强文明意识，提升艺术鉴赏力和审美能力，为实现对美好生活的向往储备精神养分；树立文化自信，增强服务中国文化走出去的使命意识。

　　教学单元五：俄罗斯节日

　　知识点：俄罗斯传统节日介绍，如谢肉节、新年、圣诞节、胜利日、祖国保卫者日等。

　　思政融入：分小组用俄语讲述中国传统节日；调研"你最喜欢的中西方传统节日"。

　　预期效果：尊重文化多样性，厚植家国情怀，正确对待国家对外开放过程中出现的中西文化差异；增强用外语讲述中国故事的意识（本案例作者为：浙江外国语学院　劳灵姗）。

（二）课程思政的参与式教学法

　　高校思政教育是一种对人的价值观进行科学塑造的专业性教育，要求个体具备独立分析和理性思考的能力，成为一个真正的独立个体。在教学过程中，参与式教学法顺应了高校思政教育的发展需求，使教师充分激发学生参与意识和个性化需求，在引导中建构，促进大学生形成正确的核心价值观。

　　通过本次实证调查，笔者认识到，当前不论是教师还是学生，对于课程思政建设与改革的成效满意度都不够高，其中最为关键的原因是教师不知道应该以怎样的方式让学生真正参与课程思政教育之中。一方面，教师对于课程和思政之间的关系把握不够准确，甚至很多时候试图通过单纯的思政元素嫁接到专业教学之中，通过传统的讲解式的方式将思政教育灌输给学生，以期待完成课程思政改革的任务；另一方面，学生普遍感受到，缺少自我参与的强加的思政教育，不仅不利于自身道德情感价值观的提升，甚至会消解专业教学的深度和影响力，进而导致学生对于专业学习中思政教育的消极和抵触情绪。因此，通过实证调查的分析，笔者认为，课程思政要真正取得实效，必须注重通过教学方式的创新引导学生真正参与思政教育的过程之中，特别是通过真实性问题的讨论分析实现课程思政的深度学习，这实际上就是参与式学习的核心价值。

　　1.参与式教学法的有效性

　　参与式教学法较好地契合了现代化高校思政教学理念，充分尊重学生的主体地位，促进学生的价值观提升。

(1)对大学生"自主意识"增强的充分尊重

参与式教学法契合了大学生趣味学习的要求,符合学生的自主意识增强的发展规律。随着互联网信息的发达,单一枯燥的教学方法已经不再为学生所接受,思政教育的效力不够。而该教学方法,结合学生喜闻乐见的方式,通过角色扮演、课题讨论等形式增强吸引力,活跃课堂,提升学习热情和思政教育效率。其二,结合大学生个性化明显,动手能力强等特点,结合当前互联网功能和教学资源的较好结合,学生对搜集和分享资源很热衷,该教学法充分调动他们的热情,并在知识的搜集、整理和传递中得到成长。

(2)"以人为本"教育理念的充分呈现

在我国高校教育不断深化的背景下,学科专业间的交叉融合呈现出新发展态势。与传统教学模式相较,教学手段的多元化,知识理论的融合创新成为提升学生素养的新需求,该教学法要求学生主动参与了提升专业性目标,同时通过知识体系的重新建构实现学科的融合与创新。其次,该教学法中教师在完成知识传授的同时,与师生的交流互动中实现价值的传递,进而引导学生转化为对价值观的正确认知,对多元文化的甄别,不断提升民族自豪感和认同感。

(3)丰富的教学过程的有效整合

参与式教学法整合了话题互动、实践求证、角色情境教学等教学过程,有效实现了教学过程的整合。如话题互动,参与式教学法从学生感兴趣的话题出发,组织学生召开头脑风暴、辩论会等形式,引导学生在思想的交锋中重组观念、整合发散思维等。如情境再现,学生可以对真实事件进行模拟再现,对热点问题在模拟的过程中进行思辨,引导学生从对角色的体验中获得价值观的塑造。如实践求证理论。学生可以在课堂中充分发挥主观能动性,通过思考和完善知识结构进行理论求证,在实践活动中体会,在理论梳理中提升对理论内涵的认知。

(4)"互联网思维"的有效激发

发达的互联网技术已经成为思政教育的重要资源,师生对互联网的运用大大提升了教学的参与感和获得感。学生通过自媒体资源等网络渠道实现了知识多元获取和大量搜集,在课堂教学中,教师可以引导学生对大量的信息进行提取和甄别,对搜集的信息进行分类处理、补充说明等,不仅是对线下授课的高效补充,还拓宽了线上教学的传播路径。在这种教学模式中充分激发学生的互联网探究思维,在参与式教学中拓宽视野。

2.参与式教学法的实施路径

(1)充分的教学准备和课堂把控

首先需要教师明确教学目标及教学资源,并明确学生的思想动态和关注热点。进而设置个性化话题,为开放式教学提供良好的前提条件。其二,从教学内容的角度,需要强化课程的中心观点,多方引导学生靠近中心观点,对学生的创新之处要积极鼓励,充分肯定学生在参与过程中的价值,同时也要对学生偏离中心观点的纠偏,为完成预定教学目标实现良好的教学过程把控。其三是师生都需要进行对教学的反观,教师通过对教学过程的反观,找到不足之处和创新点,有利于不断改进教学质量,同时也引导学生进行课堂参与的反思,对偏离中心观点的反思等,师生实现良好的互动,进而达到教学目标。

(2)注重对学生自主意识的充分激发

在课堂设计中教师要充分考虑学生自主意识的激发,将学生的个性化需求放在重要位置。因此在课前准备中,教师需要充分了解当前热点,安排好重要的问题导向,确定好问题的选择,进行科学的情境设计,启发和引导学生以问题为中心,以情境为方式充分激发发散思维,提高自主参与意识。同时要引导学生们注重团队的合作,将自主意识集合在一起,实现最优化的互动。教师所要做的是将学生按照不同的特点进行有效的小组组合,最大限度地发挥学生个体的能动性,又能有效地合作,在参与和协作过程中提升个人和团队的价值感。

(3)实现管理机制的优化

课堂讨论、自由辩论、团队协作等多元的课堂形式不仅提升学生的参与热情,还大大提升了教学质量。但需要管理者完善管理机制,使教学方法在实施过程中有章可循,如从课堂问题设置,到课堂互动,到最后的评价要形成一套科学的体系和基于量化分析的评价机制。最为关键的是对学生的学习成果,有一个科学的评价机制,全面衡量学生的知识掌握程度和思想内涵的提升情况。

3.参与式教学法的案例

以下教学案例中的教师,以一个具体的演讲比赛话题为例,详细介绍"英语公共演讲"中"双课堂"联动教学如何在话题讨论过程中训练思维能力,并融合思政教育。对参与式教学进行了较好的探索。

The recent report that the University of Cambridge will accept Gaokao scores for admission has sparked heated discussions online, though later the university said the policy was adopted several years ago. Actually a growing number of foreign universities are accepting China's Gaokao results as one of their admission criteria. Why do these foreign universities recognize Gaokao results?

学生拿到话题后有 5 分钟时间来准备一个 1 分钟的即兴演讲。其中一个回答如下：

Because Gaokao is reliable. Because China has a large population. A lot of people are taking this exam. Because many people want to study abroad…

以上回答逻辑不清，内容浮浅，也没有充分利用 1 分钟的回答时间。学生在自我反思时讲到，回答这个问题的时候，脑子一片空白，就算用中文表达，也讲不出更有深度的答案。

课程组基于多轮教学实践，发现学生无法开口表达，并不完全是因为语言基本功薄弱，更是因为思维能力欠佳，缺乏系统的思维训练，这一问题在演讲大赛的即兴演讲环节尤为突出。为帮助学生在时间短，压力大的状态下快速整理思路，填充内容，并完整地表达观点，课程组总结了 PRES 演讲框架，即亮观点（Point）、讲理由（Reason）、摆证据（Evidence）和总结陈词（Summary），该框架有助于训练学生思维的清晰性、逻辑性和深刻性，从而提升表达效果。

学生在分析自己的不足，了解如何构建框架后，再次挑战 1 分钟即兴演讲，第二次回答如下：

A growing number of foreign universities are accepting China's Gaokao results as one of their admission criteria.

In my opinion, there are mainly two reasons: the development of our country and the growing number of Chinese students applying to study abroad.

First, China's great achievement in the past 70 years is based on the wisdom and diligence of the people. We cultivate people through education. We have scientists, writers, professors, and artists who are 100% made in China. They are the driving force of the development of our country, which makes our education system reliable.

Second, we see a growing number of Chinese students are applying to study abroad in recent years. This is a huge market for foreign universities. Accepting Gaokao results is a way to simplify the application procedure, which is mutually beneficial for Chinese students and foreign universities.

So it is no surprising that foreign universities are accepting China's Gaokao results.

学生的第二次回答条理非常清晰,有理有据,内容充实。通过高考成绩在国际上被认可,想到了国家发展靠人才,人才培养靠教育,教育发展靠国家实力推动的关系。高考成绩被认可真正体现的是中国教育被认可,该话题反映了我国在国际舞台上的影响力日益显著。类似的话题讨论能够在潜移默化中提升青年学子的民族自信心。

该教师通过参与式教学法,在演讲内容方面,由给定话题到让学生自己选择话题,学生可以根据自己的兴趣爱好讲述更加打动人的故事,从一个个鲜活的个人故事中,也更多地了解了学生的内心世界,学生大胆讲出自己的心声,师生关系更加融洽。在演讲形式方面:由于学生普遍对英语演讲存在恐惧心理,在第一学期的演讲课中,大部分时间花在鼓励学生上台展示上,后续教学进行课堂改革,让一部分学生当评委,在自评和互评过程中,课堂气氛更加活跃,学生参与度更高,逐步克服胆怯,越来越自信(本案例作者为:浙江外国语学院　陈果)。

(三)课程思政的互动式教学法

课程思政的教学方式必然有其特殊的要求。通过本次调查的数据分析,两个清晰的现象值得把握:其一,对于课程思政到底应该如何开展,很多教师都心中没底,对于哪些元素应该以怎样的方式融入课程教学,很多教师也缺乏共性的认识;其二,对于大量学生而言,他们理想中的课程思政不应该是专业教学和思政教育相隔离的模式,也不应该是单纯的教师讲学生听的模式,学生希望能够在课程思政的建设与改革中发挥更多的主动性。基于这样两种情况,教师和学生有必要通过课堂教学中的多主体、多维度互动,让课程思政的课堂真正活起来。这种充满互动的课堂,一方面有助于师生双方共同探索有效的思政教育方法;另一方面也便于学生更深层次地参与课堂,更主动地思考课程思政涉及的情感、道德和价值观问题,以真正触及课程思政改革的核心问题,提升课程思政的实践成效。由此,互动式教学方法也应该成为课程思政建设与改革中教师需要重要和广泛运用的教学方法。

1.互动式教学法的定义

互动式课堂教学,是以调动学生学习主动性,开发学生的创造性思维,培养学生的学习能力,打造学生良好个性的教学理念,也是一种充分主体主观能动性的教学理念指导之下一种教学理念。其开展形式是在教师的启发引导下,教师与学生采用对话、交流、研讨等学习方式,形成和谐的师生互动、学生之间的互动,学生个体与学习媒介之间的互动,师生与环境互动的学习机制。课程思政互动式教学具有不同于传统教学的特点,可以根据互动的参与对象氛围三种方式:首先是主观与环境互动,是师生与社会现实之间的互动,主要包括网络资源运用和社会实践等。其二是师生内部互动。主要包括教师群体、个体和学生群体、个体之间的互动。其三是内在互动,即主体的"主我"与"客我"之间的互动,师生在自我教与学的过程中实现内在的交流与升华。

2.互动式教学法的特征

(1)基于师生主体性作用的双重发挥

在这类教学法中,师生都是教学活动的主体。教师是教育活动的设计者、组织者和主导者。学生主体性相对于教师而言,他们同时在对教师的主体性作用、功能、属性等也在进行选择、破译、转化,同时也在对教师的主体性作用加以借鉴、创造和超越。同时师生的主体性之间又是相互帮助和促进的。在这类教学法中,师生完全是一种朋友式的关系,师生角色可以互换。两个主体心理上是自由的,是敞开心扉的。学习的过程由灌输、吸收、存储,而转化为探索、研究和创造,较好地实现教学双向互动。

(2)基于教学主客体间的多维互动

互动式教学注重理念的多维互动,交流不是单线进行,而是师生间知、情、意、行交互作用的过程。互动式教学法中,教师是学生学习的启发者、指导者和合作者,能公正平等地对待学生,让全体学生的个性得到充分施展;学生是教学的积极参与者、思考者、探索者,在自我表现中参与知识的接受和建构的过程;主客体之间的交往互动大大缩短了理论教育与社会现实间的距离,大大提升思政课的实效性。

(3)基于学生认知特点的科学互动

这是一个不盲从、不轻信、同时追求真实、崇尚科学、善于钻研、勇于创新的青年群体。他们对事物的判断呈现出直观化的特点。网络时代和多元化时代的到来,使大学生更注重认知、情感、意志等方面的独立性和个性化。他们视野开阔、求同存异、独立思考,善于打破传统的教学条框,更善于寻求和体现自身价值,体现出较强的参与意识和表现欲。课程思政的互动式课堂教学充分契合大学生的直观化与个性化特征,充分激发学生参与的热情和能力,学生的主动思考、积极参与、致力超越,正是教学效果的核心要义。[1]

3.互动式教学法的教学案例

教师作为互动式课堂中问题情景的创设者和科学方法的指导者,要善于寻找学生关切的问题,能够创设充分激发学生积极性的情景,为学生搭建课堂交流学习的平台,进而有效激活学生参与课堂教学,让学生在提出疑问——思考问题——解决问题中加深对知识的理解和把握,培养学生的思考能力和创造能力,学会灵活掌握处理问题的恰当方法。

案例一:"翻转课堂"

在课前准备、课堂小组汇报和课后作业中有机融入思政育人元素,让学生在完成翻译学习任务的同时领会习近平新时代中国特色社会主义思想的深刻内涵。下面我们以"党的十九大报告中的重要术语"专题教学为例,说明"翻转课堂"教学模式在专题教学中的组织与实施。

第一阶段:课前准备。教师将党的十九大报告的文本按照各章主题建立单独的 Word 文档,并将有关的新闻报道和网络资源发布给学生。学生根据先前选定的主题,在教师的指导下以 4—5 人为一组开展学习讨论,分工合作完成课堂汇报所用的 PPT。

第二阶段:课中汇报。首先教师简单介绍本次课的教学任务和目标,即党的十九大报告中某一主题所涵盖的关键术语,特别是他们之间的逻辑关系和思想意义。接着,各小组对学习成果进行展示,形式可以是 PPT 现场展示或者录屏视频。汇报结束后,其他小组可以针对他们的汇报提出问题和建议,并结合实际谈谈自己对这个主题的感想,拓展思路。小组展示全部完成之后,教师进行点评和总结,教师以某个主题的展示为例指出其中存在的共性问题,然后对各组展示进行反馈和评分,记入平时成绩登记表。

例如,某小组选择了"Key terms on building ecological civilization"主题,他们小组汇报的内容涵盖了生态文明建设的主要成就、驱动力、重要意义、主要措施等几个方面的主要术语,并用箭头和组块表示了各个关键术语之间的逻辑关系。

第三阶段:课后反思。教师根据课堂表现,和学生有针对性地进行

---

[1] 曾立荣.高校思政课互动式课堂教学若干问题探讨[J].社科纵横,2010(4):255-256.

沟通,并进行教学反思,从而找出存在的问题并加以解决。学生思考老师所提问题之后,修改完善 PPT 文件,并提前完成下堂课的学习任务。

　　这类教学方法在确立课程目标、完善教学设计、具体课堂实施的基础上,"实用英语翻译"初步达到了知识传授与价值引领相结合的目标,并在教学模式、教学材料与运用、教学理念等三个方面实现创新。从学生学习的角度而言,学生成为课程思政教学过程的主动参与者,课堂学习的不同阶段激发了他们的学习自主性,改进了学习效果。学生通过分组进行数据整理、内容选取、话题讨论等理顺了党的十九大报告和习近平新时代中国特色社会主义思想中的关键词和重要论断等之间的逻辑链条,增强了团队分工合作能力。从教师发展的角度而言,课程思政教学改革要求教师重构既有教学理论和教学模式。通过改变教学材料呈现方式和教学组织方式,可以消解学生对课程思政内容的距离感,强化课程的育人功能。教师还可以结合本专业研究方法,从思想政治视角拓展研究视野。(本案作者:浙江外国语学院教师李海龙)

案例二:体验式学习

　　教学实施者认为,传统的以教师为中心课堂教学方式已经无法适应新时代的学生学情及工作需要,因此一改传统课堂教授式为主的模式。引入了体验式学习的模式,打造以学生为主体的新型课堂。体验式学习是一种以学习者为中心的学习方式,这种学习方式的开展需要通过实践与反思的结合才能获得期望的知识、技能和态度。研究表明,相较于传统的理论授课方式,让学生通过各类丰富多样的活动来体验和感悟,更有助于师范生提高自身的社会情感意识以及能力。

　　教学实施者在"社会情感学习"课程的第七章"负责任的决策者"采用体验式学习方法,教学活动设计见表 1。

表 1　教学活动设计表

模块一:热身破冰

教学步骤	教学内容	教学方法	思政育人	时间
实际体验	课程导入:游戏(猜拳一条龙) 要求学生报数,分成两人一组猜拳。两人出拳一致后前后排队,寻找另一个小组,四人一致后再排队接龙,寻找别的小组,直到所有人出拳一致,排成一条长龙,游戏结束。过程中不可说话,或有其他出拳倾向暗示	亲身体验	通过互助配合顺利完成任务达到合作共赢	5分钟

模块二:承担责任

教学步骤	教学内容	教学方法	思政育人	时间
实际体验	表演:冲突情景 邀请两位志愿者同学进行角色扮演, 给予一定时间准备,表现冲突场景中互不相让指责对方的情形	模拟演示	结合日常教学环境中常见人际冲突和矛盾问题,引发思考	5分钟
观察思考	请观察的同学们进行思考,对表演中人物行为进行分析判断,提出冲突矛盾的解决方案	小组讨论	引发学生的多样视角,培养同理心,理解力	10分钟
抽象归纳	教师结合学生发言,从精神分析的"防御"概念角度以及认知行为流派的"认知ABC"理论,解释人在遇到问题时的逃避否认原因,进而深入引导介绍"责任的饼"这一概念,帮助学生们厘清解决问题的思路,勇于直面自己的错误,敢于承担应负的责任	理论分享	培养教师的责任担当,解决学生冲突问题的能力	10分钟
积极试验	请学生思考日常实习工作中,遇到的儿童问题,小组选择一个突出案例,提出使用"责任的饼"该如何来解决	实际应用	帮助学生迁移习得的知识,在日后工作中帮助儿童建立责任感	15分钟

续表

<table>
<tr><td colspan="5" align="center">模块三:合作共赢</td></tr>
<tr><th>教学步骤</th><th>教学内容</th><th>教学方法</th><th>思政育人</th><th>时间</th></tr>
<tr><td>实际体验</td><td>游戏:心有千千结
让全体学生围成圈,记住自己左右手边的同学。然后随意跟着音乐分散走动。音乐停后,在现有位置按照之前的对象完成左右手牵手。再次牵手会形成数个"结",要求学生在不松手的条件下,恢复最初的大圈。</td><td>亲身体验</td><td>通过身体游戏,感受与他人的联结,并且要合作克服困难,互相协商解决问题</td><td>15分钟</td></tr>
<tr><td>观察思考</td><td>邀请学生回顾游戏中所经历的各个环节,分享各人的观察感受,总结得失</td><td>小组讨论</td><td>学生在游戏中总结反思,领悟团结一致面对困难的重要性,也会发现团队中不同个体起到不可或缺的作用</td><td>10分钟</td></tr>
<tr><td>抽象归纳</td><td>由学生分享,引导学生思考集体的意义,不同个体在集体中的作用,以及合作需要的元素</td><td>内容分享</td><td>更好地领悟个体应当对集体负有责任,在遇到困难时需要通力合作解决问题。</td><td>5分钟</td></tr>
<tr><td>积极试验</td><td>请学生回顾过往工作/实习经验中需要团队合作的经历,可以是失败的,也可以是成功的,谈谈最新的认识</td><td>工作体验</td><td>在日后教学工作中,努力思考更好的育人方式或合作方式</td><td>10分钟</td></tr>
<tr><td colspan="5" align="center">模块四:课程小结</td></tr>
<tr><th>教学步骤</th><th>教学内容</th><th>教学方法</th><th>思政育人</th><th>时间</th></tr>
<tr><td>抽象归纳</td><td>请学生回顾今天课程的内容和收获</td><td>内容分享</td><td>体悟承担责任与合作互助的意义</td><td>5分钟</td></tr>
</table>

基于学生反馈,施教者认为,学生们普遍非常喜爱本课程的内容设置与课堂形式,在学校的教学反馈中,该课程得到了学生较高的评价,

学生认为课程形式新颖,活动丰富,并且能让他们理论联系实际,促使他们用不同视角积极地关注自身、他人与社会,是很好的体验。具体而言,相较于课程前,学生对于自己有了更深的认识,更多的反思;能够学会倾听共情他人,与他人交往中更容易换位思考和理性表达;在解决问题遇到困难时,能积极思考,主动应对。学生大致都能在课程中至少学会一两项社会情感学习技能,并在未来生活中持续运用(本案例作者:浙江外国语学院屠筱青)。

(四)课程思政的案例式教学法

课程思政建设与改革,最终的指向是学生的深度学习,是学生情感道德和价值观的升华,因而,学生对于课程思政建设与改革的需求是课程思政改革的首要考量因素。通过本次调查对各类数据的分析,我们发现,不论是学生还是教师,都认为真实的案例是最能够展现课程思政魅力的载体,通过对真实案例进行品味、分析、辨别和讨论,是学生最认可的课程思政教学模式。由此,教师在进行课程思政建设与改革的过程中,应该对案例式教学给予更多的关注和思考,甚至可以认为,案例式教学应该成为课程思政最常用、最有效、最便捷的教学样态。

1. 案例教学法的定义

案例教学起源于 1871 年,兰德尔教授在美国哈佛大学法学院首创以案例讲授法律的方法,以后逐渐应用于法学和医学课程,后由于其成功运用而逐渐为人们所关注和推广。[1] 案例教学法在欧美高等教育中成为主流教学形式,近几年我国也逐渐开始运用。案例教学法是教师根据教学目的,通过设定案例,组织学生通过对案例的调查研究、思考分析、讨论交流,进而加深对理论和概念的现实认知与理解,获得分析和解决问题的能力。

2. 案例教学法的特征

与传统的侧重于知识传授的教学方法不同,案例教学法具有以生为本并专注于学生能力培养、现实需求导向、启发式双向流动、生动真实等特性。

(1)专注于学生能力的培养

案例教学法的目的在于使用案例启发学生自主思考、注重探索、主动分析、着力解决问题,强调培养学生发现、分析、思考和解决问题的能力。案例

---

〔1〕 谭巍,黄美银.我国管理学案例教学法研究综述[J].教育教学论坛,2018(34):198-199.

教学法有助于学生站在一定的高度看待问题,进而建立起一套思考、分析和解决问题的思维方式。

(2)启发式双向互动

与传统的被动灌输式教学模式相比,案例教学法是教学主导地位发生了根本性的改变,主角由教师变为学生,这充分尊重并调动和激发了学生们的自主意识和积极性;案例教学强调学生积极参与、师生积极互动,这是一种有效的交流和沟通方式。在案例教学中,破除答案的唯一性,注重学生的参与,充分调动课堂气氛,培养学生的发散性思维和创新意识。[1]

(3)学生需求导向

区别于传统的教师讲学生听的教学方法。案例教学中是以学生需求为导向设置案例,教师扮演导演的角色,在教学活动中是从属地位,引导学生充分参与,教师只是教学过程中的培育者和讨论中的引导者。案例教学法从传统的以课堂和考试为核心导向,转换为以学生现实需求为导向。

(4)具有丰富的现实意义

案例教学法是通过对某一实际情境进行客观描述,生动再现和反映现实生活场景,充分激发学生们的兴趣,增加课堂趣味。同时,学生们从案例中学习知识,所学的知识又反过来指导实践,使得案例教学法又更具有时代性、科学性,具有理论价值和现实意义。

3.案例式教学法的实施路径

(1)提升教师素养,优化案例选择

教师是"课程思政"的主导者,只有充分提高个人素养,充分运用马克思主义原理立场、观点方法,才能有效开展课程思政。而教师个人的理论素养是能否有效挖掘思政元素案例的深层次因素。其次是在案例的选择中,教师需要瞄准着力点,挖掘不同课程的"思政元素",循序渐进推进"课程思政"教学。案例结合要充分结合社会热点、国内外大事,结合学生喜闻乐见的案例,充分分析哪些案例合理,哪些案例与本专业结合度更高,教师能否拿捏有度和有的放矢是对他们理论和教学水平的考验。

(2)立足立德树人,优化协同育人

在课程思政中,教师需要认清国情,提高政治站位、加强理论素养,以社会主义大学的育人价值为准绳,努力破解"课程思政"教学难题,对"课程思政"案例教学应从立德树人角度出发,不断探索专业课程"课程思政"协同育人功能。

---

〔1〕 朱亚多.浅谈案例教学法在高校实践教学中的运用[J].思想理论教育.2007(3);19-22.

（3）加强教学评估，建立激励机制

将课程思政纳入评估体系，制定专业课程"课程思政"同向同行的保障体系，是推进课程思政建设的重要环节。高校对教师考核评估通常分为教学和科研两类，在考评中，应充分考虑将专业课程"课程思政"纳入评估体系，思考课程思政这类非硬性指标如何考核和激励[1]。因此，亟须制定量化专业课程"课程思政"考核评估体系，提出专业课程"课程思政"同向同行的优化方略，从制度设计上保障专业课程"课程思政"质量。

4. 案例式教学法的教学案例

某教师在《时事韩国语》课程中充分运用案例教学法，以中韩两种文化视角，引导学生开展讨论，讨论围绕民族文化、意识形态等问题，同时让融入学生的感悟和思考，充分实现外语专业课教学和思政教育相结合，不断激发学生的家国情怀，开阔学生的国际视野。课程以大四学生为教学对象，每周两堂课，每周选取一个主题展开教学。本案例介绍以中美贸易战为主题的课程思政融入情况。基于"课程思政"的《时事韩国语》课程以"突出观点碰撞、引导正确价值观"为教学目标，选取中国和韩国著名媒体中有关中国政治、经济、社会和文化等作深度报道的文章，通过分析立场观点，引导学生了解背后的历史逻辑，并在此过程中培养学生的家国情怀、理想信念及正确的世界观和人生观。

　　教学素材主要选取了韩国三大报纸《东亚日报》《朝鲜日报》和《中央日报》中关于中美贸易战的新闻报道各一篇。并选取了我国的《人民日报》和《光明日报》中同时期关于中美贸易战的新闻报道。并且给学生补充关于中美贸易战的补充阅读资料作为背景知识。

　　课程教学氛围课前自学。课前发布本单元学习指南以及学习素材，学生通过自主预习，提前阅读贸易战的相关背景资料，并完成理解新闻内容与重点词汇学习的自学任务，并记录下学习难点。让学生针对中美贸易战这一主题总结出韩国媒体的新闻导向与态度。

　　课中吸收。首先针对学生提前预习过程中的学习难点给予答疑解惑。然后让同学用韩语自己组织语言，复述新闻的内容，以及来加深学生们对新闻内容的理解。教师针对韩国新闻中出现的重点词语及常用新闻语体的表达进行总结，强调重点。将学生们分为 4 个小组，每组5—6人，针对贸易战这一主题分析中韩两国文章中体现的不同立场、

〔1〕　李陈，曲大维，孟卫军. 案例教学法在专业课"课程思政"中的应用 [J]. 宁波教育学院学报，2019(4):1-4.

观点、方法、论证的逻辑及其结论,并展开小组讨论,选取组别进行发表。开展组内讨论,组别讨论,师生讨论,教师进行积极引导,让学生领会和把握中韩两国不同文化背后的话语思维与逻辑。在这过程中,对存在争议的问题引导学生去批判性看待,并鼓励学生积极发表自己的观点。最后教师进行总结升华。中国和美国在实施贸易战的过程中,可以体现出我国的大国风范,引导学生树立"中国自信"的观念。

课后实践。课后要求学生以中美贸易战为主题,将自己的思考想法整理成为文字形式。并鼓励学生展开实地的调查,考察中国民众对于中美贸易战的看法,以及在中国的韩国人、在中国的美国人对于中美贸易战的看法,使学生在这个过程中,能更好地认识到国家利益高于一切,培养学生的爱国主义情怀和集体主义意识(本案例作者:浙江外国语学院史欣艳)。

该教学方法改变以往单一的教师授课的教学方法,通过网络教学平台的案例等,培养学生自主学习的能力,在课堂上采取小组讨论,小组发表,师生讨论互动、小组辩论等多种形式。课后还可通过社会实践的方式来巩固所学内容,理论与实践相结合,在实践过程中强化思想政治教育的效果。

考核方式也实现了多样化。为了加强学生课前预习的效果,加入预习内容整理、预习报告等形式,课堂讨论、小组发言、课后实践等表现也会记入考核成绩。最后还可以通过课程思政论文的形式来考查学生对时政热点问题的分析能力以及思想政治教学的内化效果。

二、高校课程思政的实践方法

从理论上看,在课程思政改革创新的探索中,实践教学日益成为一个重要场域。课程思政要用社会主义核心价值观立德树人,而"一种价值观要真正发挥作用,必须融入社会生活,让人们在实践中感知它、领悟它"[1]。从实践的角度看,基于本次实证调查,师生普遍认为,课程思政的改革是一个系统性改革,尽管课程思政提出的初衷是要发挥所有课程的思政教育价值,主要指向的是课堂内教学在理念和方式上的变革。但是,80%以上的学生认为自身思政教育有效性的提升需要建构校内校外联动的体系;77.4%

---

〔1〕 刘一博.论思想政治理论课实践教学的问题意识[J].思想教育研究,2020(11):3-17.

的教师认为思政教育仅靠静态的说教是难以达到实际成效的;68.22%的教师认为应该尝试通过课外、校外的实践引导学生更好地实现情感的升华。由此,通过实践的方式培养学生的积极情感,进而实现课程思政的建设初衷,是师生共同认可的思政教育变革方向。这意味着,教师在课程思政的建设与改革中,除在教学内容的设计上关注思政元素的有效融入之外,还应该在课程的实施中增加实践性元素,让学生在亲身体验、探究、思考等实践活动中加深对思政教育的理解,实现情感道德和价值观的升华。

高校立身之本在于立德树人。培养德才兼备的社会主义事业建设者和接班人是高校重要的育人目标。其中,"德"放在首位。那么,大学生的德育目标是什么? 笔者认为应该包括爱党爱国、敬业奉献、诚实守信、友善互助、遵纪守法、心理健康等多方面。很长一段时间内,大学生"德"的培养主要依靠思想政治理论课,而专业课的重点都放在了知识传授和能力培养上,思政课和专业课相互脱节,形成了"两张皮"的现象,这大大弱化了大学生思想政治教育的效果。在 2016 年 12 月 7 日召开的全国高校思想政治工作会议上,习近平总书记指出 :"要把思想政治工作贯穿教育教学全过程,实现全员育人 、全过程育人 、全方位育人……各门课都要守好一段渠、种好责任田,使各类课程与思想政治理论课同向同行,形成协同效应。"[1]这就要求高校教师实践教学模式以坚定理想信念、增强"四个自信"、淬炼思想品格、提升实践能力为根本目标,通过有效地整合和深耕思政教学体系,探索和创新课程思政教学模式。

(一)实践教学的意义、地位和作用

实践教学是课程思政不可或缺的重要组成部分。各专业课程教学是通过教育教学,使他们逐步确立科学的世界观、人生观和价值观,学会科学方法论提高思想政治觉悟和认识能力的过程。这本身就是一个理论与实践相结合的过程。毛泽东同志曾指出:"一个正确的认识,往往需要经过由物质到精神,由精神到物质,即由实践到认识,由认识到实践这样多次的反复,才能够完成 。"[2]邓小平同志也反复强调"实践是检验真理的唯一标准 ",特别强调"学马列要精、要管用 "的方法原则。因此,要达到思想政治理论课

---

〔1〕 习近平:把思想政治工作贯穿教育教学全过程[EB/OL]. (2016-12-08)[2021-08-20]. http://www.xinhuanet.com/politics/2016-12/08/c_1120082577.htm.

〔2〕《毛主席的五篇哲学著作》学习参考材料[Z]. 1973:288.

教学的预期目标就必须做到理论与实践相结合。

一方面要求教师把专业知识和基本观点、基本原理传授给学生,使学生认识、了解和掌握各专业的基本观点,了解学科体系;另一方面要求教师引导大学生投身在实践中深刻体会我国社会主义现代化建设实践,领会其精神实质,在理论与实践结合中,学会科学的立场观点和方法,确立正确的人生观、价值观和世界观。

实践教学有利于丰富课程内涵和构建新的课程模式。长期以来,各专业课教学模式基本上是以单纯的理论、课堂、书本、教师为中心的单一教学形式教学体系、教学内容脱离学生和社会实际教学方法呆板教学环节单一,课堂缺乏活力,理论教学缺乏应有的感染力和吸引力很难调动学生学习的主动性和积极性,教学效果不理想。课程思政的实践教学,使程式化模式与鲜活的实践活动相结合,更注重发挥学生的主动性和创造力,引导学生探索和感悟,在教学过程中将他律模式转为自律模式,培养学生的品格、心理和信仰的完善。

大学生进入大学学习后,对社会问题的关注度日益提升,同时思维发展能力和对事物的辨析能力也大幅提升,他们也不满足于一种课堂教学形式,因此,更直观的教学形式,更具参与性的教学模式,更有体验式的学习方式,显然更受大学生的欢迎,实践教学就是促使学生在开放的教学环境中发挥主观能动性增强消化和运用知识与经验的能力,从而使学生不仅能在实践中通过分析讨论获取第一手的知识和经验,还能学会真实有条理地表达自己的见解观点和思想。

加强实践教学也是贯彻"以学生为本"的教育思想、培养学生创新精神和实践能力的需要随着改革开放的深入。人们的价值取向、思维方式、生活方式发生了很大变化,大学生更是如此。一方面大学生接受文化信息比其他人迅速,他们思想的变化也将比其他人超前;另一方面大学生社会阅历浅对理论问题的理解往往肤浅或片面,因此在搞好专业课教学的同时,必须加强实践教学,加强学生对理论的认同感,发挥学生在教学活动中的主动性。"以学生为本"强调在培养学生的过程中还给学生自主权,以学生为主体,使学生由被动的"知识容器"变成追求真知、道德和情操的能动主体使学生具有自我探索、自我教育的能力使他们积极主动开展学习将学习的理论运用于实践之中。在实践教学中学生不能死记硬背而必须针对现实问题进行独立思考,认真钻研,做出判断并形成观点。

(二)实践教学的内涵、目标和方法

实践教学有广义和狭义之分。狭义的实践教学是区别于传统的课堂理论教学的一种教学模式。广义的实践教学是指除进行理论教学之外的所有与实践相关的教学方式,它可以体现在专业课课堂教学之中,更多地体现在专业课的课堂教学之外。

课程思政是实践教学的目标。是以构建大学生的学习参与机制形成"实践体验"与"内化践行"的学以致用能力为目标的。即通过实践教学使大学生在参与中验证书本知识、理论学说、使学生主动参与、亲身体验并主动地探究、发现现实生活中的问题并运用所学理论研究、解决问题、在解决问题中分辨是非善恶坚定理想信念,自觉砥砺品性,不断完善自我。

课程思政实践教学的途径和方法。教育部的相关文件明确要求高校思想政治理论课"发挥理论联系实际的学风、努力改进教学方法",并具体指明"要注意抓好读(原著)、听(专题报告)、讲(系统讲授)、谈(讨论交流)、看(录像)、走(社会实践)、写(调查报告、读书心得、学术论文)等教学环节、特别要重视发挥社会实践教育的作用和现代教育技术的作用"力争在教学方法和手段上有新的突破",这一方法同样适用在课程思政的实践教学中。这一要求明确包含和强调了实践教学的途径和方法。实践教学从内容上讲必须和所讲授的理论有内在联系、是理论教学的深化或拓展。从途径上讲是在教师指导下学生动口、动手、动脑的活动或者是师生的教学互动。实践教学极大地拓宽了思想政治教育的时空,可以在课内,也可以在课外;可以在校内,也可以在校外;可以说,也可以做、写、读、看。从方法上讲,可以概括为"走出去""请进来"。

(三)思想政治理论课实践教学模式

1.精心设计课内实践教学,提高课堂教学效果

课堂内的实践教学主要是在课堂讲授的基础上为了深化和巩固学生的认知而开展的教学实践活动。它能有效地改变学生单纯听课的学习方式并充分调动学生参与课堂教学活动的热情。课程思政的实践教学主要有以下几种形式:

(1)翻转课堂

教师可以将课堂交给学生,给他们充分的自主空间。教师可以根据学

生掌握理论知识的程度,布置课程内容让学生开展模拟教学。一方面能充分调动学生的积极性,锻炼思辨能力和口头表达,同时也让学生在讲述的过程中充分呈现他们对知识点的把握程度,对知识体系的驾驭程度,同时也掌握他们思想动态,较为全面深入地了解学生在学科专业上的薄弱点,在思想上的动态。帮助教师及时发现问题并有针对性地加以解决。

(2)课堂演讲和辩论

教师启发学生围绕课程进行发言,并对发言中的观点进行启发、引导和点评。如可以在理论教学中穿插进行形式灵活、动静皆宜的课堂演讲,可以使学生在学习理论知识的同时娱乐身心、增强技能。课堂讨论结合课程重难点,结合学生针对当前课程或热点问题感到模糊、困惑的问题精心设置议题,组织学生展开辩论,在辩论中引导学生拟定辩论提纲、查阅资料、发表见解等,进而深化对问题的研究和认知,在此过程中,教师对核心观点的把握和及时的纠偏显得尤为重要。

(3)专题报告和案例分析

邀请学者专家、知名社会人士等进校开展专题报告,报告内容与教学的重点问题紧密结合,可以是国内国际热点问题,重大理论创新,学生普遍关心的社会热点问题等。同时还可以结合课程专题,选取典型案例,进行讲解的同时,引导学生进行分析和讨论,帮助学生在实践中进行自我教育。

(4)多媒体技术的充分运用

要大力推进课程思政教学与网络信息技术的充分结合。现代化教育技术手段的引入,能有效拓宽课堂教学的信息量,增强教学的直观效果,激发学生学习的积极性。如充分运用多媒体技术,加强课件制作的技术开发,通过提高技术水平、整合力量制作出与学科结合度高、实用性强的教学课件,能实现对线下教学内容的外延拓展和内涵提升作用,同时作为大学生喜闻乐见的形式,能起到很好的思政教育效果。

2.合理设计课外实践教学,促进学生知行统一

课外实践教学是课堂教学的延续,二者相互衔接、相互映衬。这些活动作为课堂教学的有效补充它能大大地调动学生自我学习、自我教育、自我管理和自我服务的 积极性,有利于培养和锻炼学生分析问题和解决问题的能力有利于提高学生的整体素质。

(1)参观考察和社会调查

作为课堂教学的直接延伸,是对学生课堂教学效果的直接检验和有效拓展。结合课程教学,有效对接社会资源,组织参观考察和社会调查,组织学生参观、爱国主义教育基地、社会实践基地等;有效组织引导学生充分运

用专业知识参与当地建设,利用假期开展社会实践和社会调查,走进生活中感受了解群众生活状况,社会经济发展成果,并形成专业的调研报告,提出问题及解决的路径,为当地发展建言献策,在实践中将专业知识活学活用。

(2)撰写调查报告

一篇好的调研报告不是凭空想象出来的,也不是凭着经验就能写出来的,而是在大量而深入的调研过程的基础上形成的,它往往能给决策者提供可靠的决策依据,帮助决策者做出科学的决策。教师指导学生谋划选题、制定方案、实施调研,实现与第一课堂的有效衔接,通过深入机关、社区、企业开展参观访问、实践调研、网络调查、收集资料等基础上,辅导学生理论联系实际撰写调查报告。

(3)开展文化活动

校园文化是学校所具有特定的精神环境和文化气氛,它包括校园建筑设计、校园景观、绿化美化这种物化形态的内容,也包括学校的传统、校风学风人际关系集体舆论心理氛围以及学校的各种规章制度和学校成员在共同活动交往中形成的非明文规范的行为准则。健康的校园文化,可以陶冶学生的情操、启迪学生心智、促进学生的全面发展。从文化活动的角度看,学校可有效衔接第一课堂,进行第二课堂的课外活动的延伸和拓展,结合学校实际和重大节日、事件等,开展主题教育活动,力求在活动策划上与第一课堂有效连通,充分体现学术性、文化性、社会性有机融合的过程中充分彰显思政教育元素。

(4)社会服务

中共中央、国务院发出的《关于进一步加强和改进大学生思想政治教育的意见》指出:"要联系改革开放和社会主义现代化建设的实际,联系大学生的思想实际,把传授知识与思想教育结合起来,把系统教学与专题教育结合起来,把理论武装与实践育人结合起来,切实改革教学内容,改进教学方法,改善教学手段。"[1]社会服务活动有时也被称为"社区服务""志愿者服务"。社会服务活动让学生走向社会,以专业知识反哺社会,是培养大学生社会责任感的一种重要形式,也是提升大学生自我管理和社会适应能力的关键所在。在社会服务过程中,学生的意志力、自主性和与他人合作的协作态度等都能得到充分锻炼。通过社会服务,充分弥补了课堂教学的不足,帮助学生把理论知识和价值原则内化为道德信念,实现科学的价值观从客体灌输到主体实践的升华。

---

〔1〕　中共中央国务院发出《关于进一步加强和改进大学生思想政治教育的意见》[N].人民日报,2004-10-15(1).

第六章

新时代高校课程思政建设的保障体系

推动课程思政改革,需要建构完善的保障体系。课程思政建设保障体系的建设,从哪些维度入手,需要关注哪些方面的核心问题,取决于我们以怎样的思维方式看待教育活动和课程思政建设改革工作。

复杂性是现代教育的重要属性,从教育的复杂性视角出发,课程思政可以被理解为一种系统且复杂的教育改革行为,对于课程思政的理解、探索,必须着眼于两个基本维度:其一,是要理解和把握课程思政作为一项教育改革的历史必然性;其二,是要理解和把握课程思政作为一项教育改革的系统性和复杂性。

就课程思政改革的历史必然性而言,回溯人类社会教育的改革发展历史,可以清晰地发现教育改革不但是社会变革的重要组成部分,而且往往是社会变革中最活跃、最具有引领价值的部分。以至于每当社会发展遇到问题时,人们总是习惯于用教育改革的视角来审视社会发展,试图通过教育改革推动人才培养的变革,进而解决社会发展遇到的各类问题。不仅如此,很多教育学家、社会学家,还把教育改革本身视作是社会改革的有效手段,由此,教育改革不仅是社会发展过程中的一种常态,还是教育实现自我变革与创新发展的必然途径。[1]

改革必然指向问题,从高等教育自身的改革发展而言,如何培养承担社会主义现代化建设和民族复兴伟业的高素质可靠接班人是高等教育改革发展必须回答好的时代之问。而在中国特色社会主义进入新时代的时空背景

---

〔1〕 朱丽.什么是成功的教育改革——教育改革成效评价标准构想[J].教育发展研究,2011(6):35-38.

下,如何推动思政教育改革创新又是摆在所有学校面前一个紧迫而现实的命题。这一命题的化解,不仅需要提升高校思政课的有效性,还需要建构更为宏观、完善、健全的课程思政体系。为了解决这一难题,从 2014 年开始,在上海高校中开始进行课程思政的建设与改革试点工作,这一年也被视作是中国高校课程思政的"改革元年"。之后召开的全国高校思政工作会议,习近平总书记主持召开的思政课教师座谈会以及后续发布的一系列教育改革政策文件之中,"课程思政"毫无疑问地成为当今时代中国高等教育改革中的热门领域。经过多年的探索,应该说各地、各高校在课程思政的改革探索中都积累了一定的经验,不论是顶层的制度设计,还是具体的课程思政路径探索,都彰显着这一独特研究领域鲜活的生命力。

然而,总体上说,当下的高校课程思政建设,还普遍存在一些亟待解决的共性问题,首先要解决的是课程思政的师资队伍建设问题。随着我国高等教育改革的深入,高校教师队伍的专业化素养得到不断提升,进入高校工作的教师大都具备良好的思想道德素质和较高的专业素养,学历、学位结构也在不断优化。但是,由于认知层面的局限,很多大学教师都将自己当作学科知识的表征,认为学科、专业是他们的本质属性,完成知识的传承是他们的首要教学任务。在这样一种认知与实践局限中,一方面,专业课教师对于思政教育重要性的认知往往不够到位,特别是对于自己和自己任教学科的思政教育价值与义务缺少清醒的认识,这不仅导致教师在专业课教学中普遍缺乏主动渗透思政教育的意识,在客观上还容易引发专业教师和思政教育工作者之间的矛盾,不利于建构完善的思政教育体系;另一方面,尽管各地各校都普遍加强了课程思政建设工作,形成了立德树人、课程思政、思政教育等领域改革的整体设计,但是这些整体设计往往还停留在制度层面的引领,缺乏细化的、具体的落实方案。将课程思政建设要求细化到人才培养方案、教学大纲、教学督导、教师专业发展、学业质量评估等领域的个性化设计比较欠缺,这一系列问题都导致部分专业课教师对"课程思政"没有兴趣或缺乏自觉意识,[1]并在实践之中制约着课程思政改革的推进和整个高校立德树人教育体系的建构。这些问题的存在昭示着新时代推进高校课程思政改革必然是一项长期、持久的行动,在这一领域里进行持续性的改革探索具有历史必然性。

就课程思政建设的系统性和复杂性而言,课程思政改革的主题尽管只

---

〔1〕 王慧芳.新时代高校"课程思政"创新改革背景下教学质量监控与保障体系研究[J].现代职业教育,2019(10):37-39.

有"课程思政"四个字,但是其与教育世界、教育生态的内在关联是极为丰富的,所蕴含的价值、内涵、要求也是多方面的。复杂性是教育活动的重要属性,教育活动的复杂性体现为诸多方面,如教育活动组成因素的多样性和可变性,教育活动结构与功能、系统与部分之间的非线性相互作用,教育活动过程的动态生成性和教育结果的不确定性。因为教育事业的复杂性,在研究和关注教育改革,探索教育教学规律的过程中,教育研究者和工作者的思维方式就面临从线性思维到复杂思维,从单一思维到系统思维的转变。具体而言,要从主要关注结构与功能的单向联系拓展到关注它们双向影响的因果反馈环;从将要素视为静态的组成部分拓展到将要素视为动态的与整体互动的因素;从关注确定性拓展到关注不确定性。而这一切的最终归宿,都需要教育者用系统性的思维研究和改进教育方法。这种系统性的思维从某种程度上说,正是近年来我国各级各类教育改革研究和实践中所采用的基本思维方式。回归到课程思政本身,课程思政改革是一种特殊类型的教育改革,兼具智育、德育的双重要求,既需要关注外部技术层面的方法论设计,也需要关注情感、道德、价值观形成的内在要求,这种内外交织的特征,无形之中又加剧了课程思政改革的复杂性,也就更加需要用系统性的方法去研究、思考和探索。

从系统论的视角出发,考虑到课程思政建设的复杂性,要在高校中系统性地推动课程思政改革,就需要从课程体系、教材体系、师资队伍体系、院系责任体系、政策保障体系等方面协同发力,持续推进。

课程思政建设基础在"课程"。高等学校和教师,首先要形成对课程思政建设的正确认知,了解课程思政建设的基本原则、基本精神和基本理念,在理性认知的基础上围绕立德树人根本任务和学校人才培养目标,把课程思政建设作为深化教学改革的重要内容,将"价值引领"功能的增强和发挥作为一个重要目标,系统修订教学大纲,整体做好课程设计。同时,要通过系统性的课堂联动,发挥不同课堂的思政效能,建构起"三全育人"的高质量思政格局。

课程思政建设的关键在于教师。教师是高校课程与教学的设计者、执行者,教师对于课程思政的认知、态度和行为方式决定了课程思政建设与改革的成效。高校要将课程思政的内容整体纳入教师培养体系之中,通过针对性的培养和引导,激发与提升教师的课程思政意识和能力,让教师真正明白为什么需要进行课程思政建设以及日常课程教学中应该怎样渗透思政教育。只有真正激发起他们参与课程思政建设的内在自觉,形成推动课程思政改革的强大持久的动力系统,课程思政建设与改革才是长久、有效的。

　　课程思政的落脚点在院系,要以院系的探索为基础,形成上下联动的课程思政建设与改革机制。既要从学校整体层面完善课程思政的有关制度建设,也要通过办学体制改革的推进,进一步激发基层学术组织的内生动力,同时配合考核评价、岗位聘用、职称与项目评审等领域的变革,加大对课程思政建设的政策扶持,真正提升课程思政对于教师的吸引力和感染力。[1]

　　任何层面的教育改革,都要从有利于教育改革良序发展的角度出发,达成价值观念层面的共识,这是教育改革的思想基础。[2] 价值观念是对现实价值关系的评价性反映,本质上是一种指导人的实践性观念,是价值观与人的实践活动的中介环节。[3] 基于上述分析,可以就新时代高校课程思政改革形成两个维度的价值共识:其一,高校课程思政建设是落实立德树人教育根本任务的内在要求,课程思政建设与改革过程中现存的一系列问题,意味着这种改革必然需要长期的探索,研究高校课程思政改革问题具有现实的必要性;其二,高校课程思政改革是一项系统工程,需要用系统性的思维方式进行研究和改进,在这一过程中,特别要注重从先进性的理念引领、制度性的顶层设计、系统性的课堂变革、专业性的教师队伍等维度入手,建构课程思政改革的完整保障体系。

一、先进性的理念引领

　　课程思政的建设与改革,首先要关注理念问题。从本研究对师生的调查看,当前,随着课程思政改革的深入,师生对于课程思政的基本概念,课程思政的重要价值等基础性问题已经普遍形成了较为科学的认知。但是,课程思政作为一个新的概念体系,其蕴含的理念究竟是什么,很多教师和学生都没有科学的把握。调查数据显示,对于课程思政的深层次内涵和理念,师生普遍存在认知上的偏差,这种偏差也必然会导致师生在课程思政建设与改革实践行动中诸多方面的问题。因此,要推动课程思政的系统性变革,必须先帮助师生建构起对于课程思政建设与改革的先进理念。

　　思想理念是行动的先导,科学的思想理念是高校课程思政建设与改革

---

　　[1]　周坚.“全域统筹”构建高校课程思政体系[N].中国教育报,2020-07-06(5).

　　[2]　蒋红霞.价值共识:教育改革中的潜在难题[J].教育文化论坛,2015(2):94-96.

　　[3]　郭凤志.价值、价值观念、价值观概念辨析[J].东北师大学报(哲学社会科学版),2003(6):44.

的认知保障。从概念上说,理念就是人类以自己的语言形式来诠释现象——事与物时,所归纳或总结的思想、观念、概念与法则,作为意识形态层面的产物,理念对于人的行为具有重要的指导价值。就教育层面的变革而言,教育理念是人们对于教育改革发展应然状态和本质样态的整体判断,这种整体判断具有内在性、规律性、超前性等特征,因而能够在教育实践的过程中发挥积极的引领价值。[1] 从教育改革发展的实践逻辑看,一场教育变革要从理想变为现实,既需要扎扎实实的行动变革与实践探索,也需要相应的理论作为支撑和引领。以此观照高校课程思政改革,首要的任务必然是形成课程思政完整、系统、科学的理念。只有在这种先进理念的引领下,实践领域变革、创新、重构课程思政模式的过程中才有正确的理论指导,才能避免因为认知偏差导致的实践误区。

应该指出的是,尽管课程思政在高校思政教育改革、人才培养改革和课程教学改革之中的探索已经持续了多年,但是相较于漫长的高等教育改革发展历史,课程思政毕竟是一个新的概念,对于课程思政的基本内涵、价值、范畴的理解与阐释尚处于初级阶段,一些关键问题的共性认识还没有最终形成,在这样的情况下,要系统性地推动高校课程思政改革,先进理念的引领就显得更加重要了。综合当下对于高校课程思政的相关研究,结合本研究所开展的大样本实证调查,笔者认为,新时代高校课程思政建设与改革应该秉持三个维度的基本理念:课程思政应凸显"立德树人"的价值导向;课程思政应强调"全面覆盖"的实施要求;课程思政应注重"显性与隐性"的有机融合。

(一)课程思政应凸显"立德树人"的价值导向

教育的核心价值在于育人,培养怎样的人,怎样培养人,是贯穿教育改革的核心问题。党的十八大以来,"立德树人"作为教育的根本任务,越来越成为指引教育改革发展的核心价值向度。"立德树人"有一个内在逻辑:"立德"强调的是人之为人的根本,"树人"强调的是人才培养目标的全面性,只有将两者结合在一起,才能形成符合现代社会需求的人才培养目标体系。这一体系的内在逻辑可以概括为:"树人为本,立德为先。"教育的根本是要树人,欲树人先立德,树人要以立德为基础,而立德又会促进树人。立德树

---

〔1〕 牛楠森."办学理念":概念辨析及其"诞生"[J].中小学管理,2019(11):28-31.

人所要培养的应该是德才兼备、和谐发展的人，[1]这不仅为各级各类教育体系中人才的培养设定了基本的目标，还成为学校课程教学改革的重要价值引领。

对于高等教育而言，立德树人是新时期高等教育内涵式发展的重要任务，对提高大学生思想道德水平、综合素质，健康人格塑造和教育的可持续发展都有积极的促进作用，同时立德树人教育理念也是思想政治教育的灵魂和关键，[2]改革和提升高校思想政治教育工作，必须紧密围绕立德树人这个主题。"党的十八大以来，习近平同志对'立德树人'教育理念阐发了许多精彩的论述，这使得'立德树人'教育理念进入深化时期。2016年，习近平同志在全国高校思想政治工作会议上指出：'要坚持把立德树人作为中心环节，把思想政治工作贯穿教育教学全过程，实现全程育人、全方位育人，努力开创我国高等教育事业发展新局面。'"[3]在党的十九大报告中，总书记再一次强调："要全面贯彻党的教育方针，落实立德树人根本任务，发展素质教育，推进教育公平，培养德智体美全面发展的社会主义建设者和接班人。"[4]这充分说明，立德树人在我国教育改革发展的整体事业进程中具有重要地位，要将这一根本任务不折不扣地落实到各层次教育之中，落实到教育的各个方面。2018年全国教育大会上，习近平同志又专门指出，"要把立德树人融入思想道德教育、文化知识教育、社会实践教育各环节，贯穿基础教育、职业教育、高等教育各领域"[5]。这种反复的强调，充分凸显了"立德树人"作为教育根本任务的鲜明导向和价值，也为高等教育人才培养、教育教学改革等提供了根本的价值遵循。

高等教育的根本价值导向在于"立德树人"，然而，实践之中高等教育改革发展的一个重要现实问题也就在于没有很好地、很全面地承担起立德树人根本任务。近年来，一些高校专业课与思政课同向同行育人的实施效果不理想的重要原因之一，就在于立德树人意识出现了偏差。这主要表现为

〔1〕　刘娜，杨士泰.立德树人理念的历史渊源与内涵[J].教育评论，2014(5):141-143.

〔2〕　孙树彪.高等教育内涵式发展的"立德树人"研究[D].长春:吉林大学，2019.

〔3〕　任兆妮."立德树人"教育理念的发展脉络及其内涵研究[J].南方论刊，2019(12):90-91,97.

〔4〕　习近平.决胜全面建成小康社会 夺取新时代中国特色社会主义伟大胜利——在中国共产党第十九次全国代表大会上的报告[N].人民日报，2017-10-28(1).

〔5〕　习近平出席全国教育大会并发表重要讲话[EB/OL].(2018-09-10)[2021-10-10].http://www.gov.cn/xinwen/2018-09/10/content_5320835.htm.

"部分高校专业课教师缺乏育德意识和育德能力"[1],很多教师和学生的交流仅限于课堂教学之中,交流的载体主要也是学科教学,精神层面的交流和道德层面的引领整体上比较缺乏,教师的育德意识亟待提升。针对这样的问题,一方面,必须着力提升教师的立德树人意识,从思想层面提升教师的教育思想境界,更新教师的教育理念,让教师认识到依托专业教学培养学生良好思想道德的重要价值;另一方面,整个高等教育体系中的教育主体和实施载体,都应该清晰地认识到自身要承担的立德树人价值,在这一过程中,倡导课程思政改革就是让高等教育彰显和达成立德树人根本任务的重要方式。

课程思政作为一种课程教学和人才培养的改革理念,不是要重构课程的概念,而是要扩展和丰富课程的育人价值。课程本身是一个复杂的概念,根据课程学家的统计,仅课程本身的概念统计,就有300多种。从课程的界定与建设维度看,课程是育人的载体,这是毫无疑问的,但是不论是课程建构知识、课程建构技能还是课程建构理智,都无法涵盖课程育人理应保有深厚的文化价值与精神意义。基于这样的问题,"课程思政"正是在联系人的精神世界进而寻求课程意义的深度理解:高等教育领域的课程,不但要成为传递专业知识,承载专业教育的工具,而且应当满足学生精神成长、道德发展、情感升华的需要。围绕课程的教育活动,在传递知识、培养能力之外,必须让学生具备扎根于自己文化身份的品格与价值观,这才是他们迎接未来挑战最需要准备的,这些可谓课程建构精神的核心内涵,[2]也凸显了课程思政建设必须服务于人才培养,聚焦于立德树人教育根本任务的价值导向。总而言之,课程思政不是对原有高等教育系统中课程、教学的根本性变革,不是抛弃或者放弃课程的知识体系、逻辑体系和专业属性,而是通过课程目标、课程内容、课程实施与评价的系统性变革,更深层次地挖掘专业课程的育人价值,以便为高等教育体系中的人才培养提供更多支撑元素。只有紧密围绕立德树人的根本价值,课程思政改革才能做好守正和创新,不因循守旧,也不迷失方向。

(二)课程思政应强调"全面覆盖"的实施要求

在传统的高等教育体系中,专业教育与思政教育存在一种先天的隔阂,

〔1〕 杨守金,夏家春."课程思政"建设的几个关键问题[J].思想政治教育研究,2019,35(5):98-101.

〔2〕 王景云.论"思政课程"与"课程思政"的逻辑互构[J].马克思主义与现实,2019(6):186-191.

在很多专业课教师看来,思政教育是一种独立于专业教学之外的教育样态,认为对学生进行思政教育工作是辅导员、班主任或者思政类公共课教师的"专属",这不仅在实践之中不利于建构引领学生思想道德成长的完善教育体系,还容易在实践之中导致专业课教师与其他教师在人才培养、学生日常教育管理时产生误解甚至敌对情绪。

基于上述问题,课程思政倡导的应该是一种"大思政"的理念与格局。"大思政"是一种口语化的表达,其理念和价值意蕴类似于当前教育改革倡导的"大德育"理念,其隐含的是教育影响的一致性和连贯性思想,要求在对学生进行思政教育的过程中,跳出单一的思政课教育局限,致力于挖掘包括专业课、公共课等所有课程的思政教育元素,整合不同学科、不同课程、不同教师的力量,协调校内校外各种资源,真正形成系统的思政教育合力。"大思政"不仅是一种契合学生思政教育的新理念,还是引导高校思政教育变革的重要指导思想。中共中央国务院在 2004 年印发的《关于进一步加强和改进大学生思想政治教育的意见》就已经明确提出了"坚持教书与育人相结合"的基本原则,指出了"高等学校哲学社会科学课程负有思想政治教育的重要职责",这实际上就是"大思政"理念在高等教育体系中的运用要求。

课程思政中的"大思政"理念,主要是着眼于人才培养的功能,充分发挥大学教育课程体系中不同课程、不同教师的育人功能和价值,挖掘不同学科课程中的思政教育元素,实现智育、体育、美育、劳动教育等与德育、思政教育的有效衔接与融合,让不同类型的课程和教学,在思政教育的整体范畴下进行功能整合创新,实现专业教育与思政教育的同向同行,真正建构一种所有课程、所有教育共同参与的育人合力。[1] 具体而言,就是要在课程思政建设与实施的过程中充分体现出"全面覆盖"的要求,让思政教育真正落实到每一门课程、每一位教师和每一节课堂。

首先,课程思政的"全面覆盖"要求思政教育要落实到每一门课程。课程从概念上说可以被理解为"学校课业的内容和进程",在现代高等教育系统中,课程是专业教学和人才培养的基本载体。因为专业的划分,不同课程在具体的内容设置之上必然存在着很大的差异,高校课程建设不可避免地要为专业人才培养服务,因此,在课程内容的组织架构上凸显专业属性、专业要求是高等教育体系中课程建设的必要要求。但是,接受这种专业差异的同时,也应该清晰地看到,不论哪种领域的课程,不论怎样的课程内容遴

---

[1] 赵继伟."课程思政":涵义、理念、问题与对策[J].湖北经济学院学报,2019,17(2):114-119.

选和编排,除具有专业层面的引领和教育价值之外,都必然会存在一定的思政教育元素,这些元素,或有助于提升学生的思想道德水平,或有助于培养学生的国际视野和家国情怀,或有助于培养学生的良好精神和意志。这些因素,或多或少地都可以在学生思政教育的过程中发挥积极的价值。从这个角度出发,强调课程思政改革,就是要求专业教师在做好专业教学的同时也能够充分挖掘不同课程之中的思政教育元素,在专业教学之中同步开展思政教育。只有让每一门课程都承担起思政教育的价值,课程思政才有"根"和"魂"。缺少了课程的支撑,单纯讲思政,在高等教育的人才培养体系中往往是行不通的,在实践之中也难以形成理想的思政教育成效。

其次,课程思政的"全面覆盖"要求思政教育要落实到每一位教师。要从建立确保全员广泛参与的思想政治教育实施体系入手,建构一种能够引领广大教育工作者回归立德树人根本价值的教育体系。因而,课程思政不是单一主体的参与,而是倡导一种全员参与、全过程参与、全方位开展的协同育人机制。要将思政教育的价值、要求和元素整体嵌入课程之中,通过整个课程体系在理念、实践和评价上的系统性创新,更好地拓展课程的育人价值,更大限度地发挥每一个教育工作者的思政教育价值和立德树人情怀,只有这种全员、全过程和全方位的整体建构,才能真正提升思政教育的实效性。从这个角度出发,学校的教育工作者要从根本上改变对思想政治教育的原有认知,特别是要克服思政教育只从属于少数人的错误思维,要充分认识到,思想政治理论课教师、其他所有学科教师、辅导员、党团组织、学生社团、服务保障人员都是教育工作者,都应该是课程的运作者与实施者,只是不同的实施主体在学生思想政治教育的过程中所扮演的具体角色有所不同。通常而言,思想政治理论课教师是主力军,辅导员和党团组织是先锋队,广大其他学科教师是生力军,服务保障人员是坚强的后盾。不同的主体,尽管在学生成长发展过程中的具体责任与价值不尽相同,但是其立德树人的使命是一样的。倡导课程思政建设与改革,就是要让所有的教育工作者都认识到自己承担的育人使命,呼唤教育职责与义务的理性回归。课程思政改革必须全员参与,这是教育规律、教育本质的内在要求,也是课程思政建设自身价值得以发挥的重要保障。

最后,课程思政的"全面覆盖"要求思政教育要落实到每一堂课。在高等教育的育人体系中,课堂教学是最基本的,也是最重要的。课堂教学是大学立德树人的主要阵地,这种阵地的建设,不应该仅仅局限于思政课、校园文化活动中,任何课程都应该体现育人的价值,育人的价值也需要所有课程共同承担,不能够离开课程,特别是离开课堂教学而独立存在。从这个角度出发,课程思政最终落实的情况如何,归根到底是要靠课堂教学的实践来检验课程思政的一切理念和要求,也需要通过课堂教学来最终体现。从课堂教学的角度看,每一堂课都要贯穿课程思政的教育价值,就是要求在所有的课程教学中将知识传授与价值引导有机统一,提炼出课程中蕴含的爱国主义情怀、社会正义感、社会责任感、文化自信、人文精神等价值范式。长期以来,课堂教学中如何体现教书与育人的有机统一一直是困扰教育教学改革的难题,在这个领域之中,很多老师,特别是大学老师都对自身应该承担的思政教育角色理解不够到位。实际上,按照《中华人民共和国教师法》的界定,"教师是履行教育教学职责的专业人员,承担教书育人,培养社会主义事业建设者和接班人、提高民族素质的使命",《中华人民共和国教师法》还对教师应当履行的义务做了具体说明,其中包括"关心、爱护全体学生,尊重学生人格,促进学生在品德、智力、体质等方面全面发展"。[1] 这从法律的范畴中规定了教师所应该承担的思政教育价值,而需要说明的是课堂就是教师工作的主阵地。"这就要求所有课堂都要具备育人功能,所有教师都要发挥育人作用。"[2]

(三)课程思政应注重"显性、隐性"的有机融合

课程思政改革,基础在于课程,关键在于课堂,要在课程建设和课堂教学中充分认识到课程教学本身"显性、隐性"并存的基本特征,特别是要充分运用"隐性课程""隐性教学"的理念,挖掘课程和教学的思政教育价值,在课程实施的过程中真正实现专业的"显性教育"和思政的"隐性教育"的有机融合。

课程按其形态载体的表现形式划分为显性课程和隐性课程。从对人的影响的角度讲,隐性课程对学生的身心发展有着重大影响,是人的思想意识形成的重要诱因。可以说,不重视隐性课程的教育不是真正的教育,或者说是残缺不全的教育。从当前各级各类教育教学改革的现实情况看,特别是在课程改革的进程之中,除对传统的显性课程进行破解和重构之外,教育领域对于隐性课程内涵与价值的研究越来越丰富。当前,尽管学界对于隐性

---

〔1〕 中华人民共和国教师法[EB/OL].(2005-05-25)[2018-06-17]. https://www.gov.cn/banshi/2005-05/25/content_937.htm.

〔2〕 杨守金,夏家春."课程思政"建设的几个关键问题[J].思想政治教育研究,2019,35(5):98-101.

课程的具体概念阐述还存在多样化的理解,但是对于隐性课程的本质问题已经形成了普遍共识:所谓的隐性课程,是学校教育体系中与显性课程相对应的课程样式,它不同于有形的课程,是学校情境中以间接的、内隐的方式呈现的课程。在具体的学校教育环境中,隐性课程往往没有被列入学校正常的课程计划,甚至在课程实施的过程中难以寻觅其踪影,但是师生在教与学的过程中却能够直观地感受到其存在和影响。这也就意味着,隐性课程可以被理解为非可视的能够对学生成才发展产生潜移默化影响的一切学校文化要素的统称,是以间接的、内隐的方式呈现的课程,是学生在学习环境(包括物质、社会和文化体系)中学到的非预期或非计划的知识、价值观念、规范。[1] 相较于显性课程,隐性课程对于学生思想道德层面的影响价值可能更加突出而明显。

值得一提的是,作为整个课程的一种表现形态和组成部分,隐性课程是影响人思想意识形成的重要因素,它既有积极作用的一面,又有消极作用的一面,是一把双刃剑。美国著名教育家柯尔伯格指出,"隐蔽课程是否具有教育作用,这个问题本身就是由隐蔽课程这个特殊措辞造成的。这个措辞表明,儿童在学校里正在学习的许多东西,并不局限于正规的课程。措辞还提出了这样的问题,即这种学习是否真正具有教育意义"[2]。基于此,从隐性课程的理念出发,高校的课程思政改革一方面要充分挖掘课程和教学的显性专业教育要素背后的隐性思政教育价值,这种价值经过教师有目的、有意识的设计和实施,能够发挥出对学生思想价值层面的积极引领作用;另一方面,"课程思政"对"隐性思想政治教育"理念的体现在于形成"全课程育人"格局,除发挥思想政治理论课显性思想政治教育作用外,致力于拓展专业课、通识课的育人作用,使其既发挥显性的智育、体育、美育作用,又潜移默化地发挥德育(思想政治教育)作用。[3] 总而言之,不论是思政教育理论课,还是其他的专业课,都应该有显性课程和隐性课程的双重意识,在实现学科和课程本体价值的同时,也能更好地承担起思政教育的隐性价值。

---

〔1〕 何玉海.课程改革中隐性课程的作用不容忽视[J].教育理论与实践,2004(2):34-36.

〔2〕 何玉海.课程改革中隐性课程的作用不容忽视[J].教育理论与实践,2004(2):34-36.

〔3〕 赵继伟."课程思政":涵义、理念、问题与对策[J].湖北经济学院学报,2019,17(2):114-119.

二、制度性的顶层设计

指向于"立德树人"的高校课程思政改革是一项系统性的变革,变革的过程涉及高等教育领域几乎所有的课程、教学、组织等基本元素,这种系统性和复杂性,意味着必须要用科学管理的思维方式推动课程思政改革。而科学管理的核心要求就在于制度层面的建构。著名的诺贝尔经济学奖获得者道格拉斯·C.诺思曾经指出,制度作为一系列被制定出来的规则提供了人们相互影响的框架,能够对追求主体福利或效用的最大化利益的个人行为产生约束效应。[1] 基于这种对于制度建设价值的分析,高校课程思政建设在明确了理念层面的引领之后,在进入实践领域的变革之前,首要的任务是建构完善的制度体系。

从中国社会科学和教育科学的沿革历史看,制度研究为理论研究提供了新的分析思路和观察视角,从制度的视角探讨社会问题和教育问题,也成为近年来我国经济社会发展与教育变革中的普遍现象。这种层面的分析具有深层次、系统性的特征,因而,分析形成的变革策略更具有普遍意义上的指导价值。然而具体到教育制度研究本身,宏观层面的教育改革制度研究始终占据主体地位。课程制度领域的研究在很长时间内并没有受到足够的重视,特别是在国内,直到世纪之交我国第八次基础教育课程改革确立了三级课程管理体系之后,课程制度领域的研究才开始逐渐丰富起来。按照学者们的理解,课程制度是学校师生在课程设计、实施、评价过程中共同遵循的价值规范和行为准则。[2] 这种界定主要着眼于课程建设和实施本体,而实际上,从更为宽泛的视角看,课程制度应该是围绕学校课程总体建设或者某些领域独特课程建设的一系列规范性思考和设计。

从师生的现实需求看,根据本研究的调查,教师和学生都普遍认为课程思政的建设与改革是一项系统性工程,不是课程教学哪一个单一维度的变革就能够达成。在这一过程中,教师普遍感到困惑的是课程思政如何实践的问题,而这种实践的变革在教师看来,必然应该有制度性的保障。通过调研,目前各地各学校大都已经着手建构了不同层面的课程思政建设与改革

---

〔1〕 [美]道格拉斯·C.诺思.经济史中的结构与变迁[M].陈郁,罗华平,译.上海:上海三联书店,1991:71.

〔2〕 和学新,张丹丹.论学校课程制度[J].全球教育展望,2011(2):22-27.

制度,这对于化解教师的课程思政困惑,引导教师更好地解决课程思政建设中的实践性问题具有积极价值。

课程思政尽管不是一种单独的课程样态,但是我们可以借鉴课程制度建设的基本理念、思路建构支撑和保障课程思政具体实施的制度体系。考虑到课程思政本身因素的复杂性,课程思政建设的相关制度必然也应该是丰富的、多元的,而在笔者看来,其中最为关键的制度建构应该着眼于三个层面:课程思政的组织领导制度设计;课程思政的运行实施制度设计;课程思政的配套保障制度设计。

(一)课程思政的组织领导制度设计

高校的课程思政建设,必须要在党委的领导下建设分工负责的组织机构。因此,课程思政的制度建设,首要的任务是要建立在学校党委统一领导下,由党政主要领导亲自抓,各相关部门统筹协调、整体联动的课程思政建设与改革"大格局"。高校要成立指导"课程思政"工作的领导机构、组织机构和培训机构,各相关部门协同联动,各院(系)主导推进,专任教师具体落实,推动形成全校努力建设"课程思政"的良好氛围。要进一步完善课程体系,有针对性地开发"课程思政"的教学内容体系,切实解决好各类课程与"思政课程"从教学目标到教学内容的相互配合的问题,推动课程思政建设内涵式发展。

课程思政的组织领导制度建设,核心的目标是要通过制度化的方式明确课程思政建设过程中不同机构、不同组织之间的权责关系。而以下三个领域的问题尤其值得重视:

1. 通过制度建设明确党委的领导责任

课程思政的组织领导制度建设,要着力建构自上而下的、多层次的、权威高效的课程思政建设领导管理体制,特别是在全面加强高校党的建设工作的今天,要注重党委对意识形态工作、对思想政治工作的领导责任。一方面,要立足于自身的办学定位和办学特色,制定和实施不同的课程思政建设培养方案、选用和修订教材、管理好教学环节,打造具有学校特色的课程思政组织管理体系和运行制度,争取在课程思政建设上作出亮点和特色;另一方面,要建立党委领导下的分工责任制度,构建导向鲜明的领导干部考核评价机制,把课程思政建设的好坏纳入对学校党委班子的年度考核、评议之中,把是否经常性讨论和研判课程思政工作作为判断党委工作的重要参考素材。

2.通过制度建设明确教务部门的统筹责任

课程思政改革是一项多部门、多主体参与的系统联动,实现协同育人的过程中,谁来做统筹协调,如何进行统筹协调,是需要解决的现实问题。从我国当前高校课程教学和人才培养的组织体系来看,教务部门作为课程思政工作的统筹协调机构是比较合适的。因此,对于课程思政的组织制度建设而言,除明确党委的领导责任之外,还需要通过制度建设进一步明确教务部门的统筹协调责任。一方面,通过制度性的设计,明确教务部门在课程思政建设中的统领地位和监督检查权力。在制度的设计和运行下,教务部门应该将各学院、专业切实加强课程思政建设与改革的行动和成效,作为日常教学监督检查的重要内容,通过定期不定期的督导检查,确保课程思政与日常教育教学改革和谐共鸣,真正将课程思政的理念落到实处,体现在日常教与学活动之中。另一方面,要通过制度性的设计,引导教务部门有效统筹协调不同主体共同参与课程思政建设。学校之中的课程思政建设,不仅涉及教学一条线,学工、团委、人事、科研等相关部门,还要让这些部门形成整体联动,建构立德树人和课程思政建设与改革的命运共同体。只有从制度上保障了教务部门的统筹协调地位,才能更好地协调学校内外部资源,建构课程思政建设与改革的协同力量。着力打造具有学校特色的课程思政建设与改革品牌,"使得思政教育课程体系日趋完善,在教育的源头上解决问题"[1]。

3.通过制度建设明确院系的主体责任

高校中课程思政的建设与改革,固然需要党委的整体顶层设计,需要教务部门和其他相关职能部门的分工协作,但是最为重要的,是要充分发挥院系的主体责任。当前中国高等教育改革的进程中,管理体制的改革是一个重要领域,"实院强系"作为改革的一个重要导向,对于激发高校基层组织活力,提升高校治理效能具有重要的价值。在这样一种导向下,课程思政的建设与改革也要充分做到权力下放,要充分相信院系,依靠院系,发挥院系和教师的积极性与主动性。同时也要通过制度层面的建构,明确院系党政组织引领课程思政改革的内容、教学组织研讨课程思政改革的内容、教师积极参与课程思政改革的内容和要求。在这样的制度建设基础上,同步做好课程思政精品课程、特色团队等建设工作,组织开展常态化的课程思政建设研讨,主题式教师培训等,形成院系浓厚的课程思政氛围,为学校整体课程思

〔1〕　杨守金,夏家春."课程思政"建设的几个关键问题[J].思想政治教育研究,2019,35(5):98-101.

政特色的建设筑牢基础。

(二)课程思政的运行实施制度设计

课程思政建设与改革的关键在于具体的运行。高校推动课程思政改革,核心的价值在于落实立德树人教育根本任务,提升高校思政教育的有效性。因此,课程思政更多的是一种理念,而不是在现有的课程体系之中另外开设一些新的课程。从这个角度出发,要正确地引领学校的课程思政改革,必须建构制度化的课程思政运行体系。

课程思政的建设与运行是一个系统工程,包括学校课程思政建设的背景分析、目标设计、主要举措、实施方式等,这些总体性的设计体现了学校对于课程思政建设的整体架构和指导方针,通常情况下,学校需要通过针对性的课程思政建设实施方案形成课程思政运行的总体制度纲领。在这种整体性的制度建设过程中,一方面学校要充分借鉴、吸收和落实教育部、地方教育主管部门对于课程思政建设的总体指导意见;另一方面,也要注重凸显学校的特色,在课程思政建设领域进行独具匠心的设计,让课程思政建设成为学校课程教学和人才培养改革中的一大特色。

相较于其他两个维度的制度建设,当前各高校普遍比较重视课程思政运行实施制度的建设,一个突出的标志就是各校普遍形成了具有特色的课程思政实施方案,这种实施方案的制定,正是课程思政运行实施制度的核心体现。下文呈现了浙江省某高校的课程思政方案,这一方案的制定,既体现了教育部和浙江省教育厅对于高校课程思政建设的整体要求,也充分体现了学校在办学定位、人才培养上的特色,特别是将学校思政教育中的传统优势和特色做法在课程思政的领域中进行创造性延伸,展现了学校思政教育在目标、价值、理念上的一致性,也让课程思政成为深入学校人才培养"骨髓"的有效承载。

××学院课程思政建设实施方案

为深入学习贯彻习近平新时代中国特色社会主义思想,贯彻落实习近平总书记关于教育的重要论述和全国、全省教育大会精神,全面推进学校课程思政建设,着力构建符合人才成长规律、体现时代要求、彰显学校特色的课程思政体系,努力培养担当民族复兴大任的时代新人,培养德智体美劳全面发展的具有家国情怀、国际视野的高素质应用型人才,根据《高等学校课程思政建设指导纲要》和《浙江省高校课程思政建设实施方案》等文件精神,结合学校实际,制定本实施方案。

一、课程思政建设的重要意义

(一)课程思政建设是落实立德树人根本任务的战略举措

培养什么人、怎样培养人、为谁培养人是教育的根本问题,立德树人成效是检验高校一切工作的根本标准。全面推进课程思政建设,就是要把育人贯穿于知识传授和能力培养之中,帮助学生塑造正确的世界观、人生观、价值观。要通过课程思政建设,让所有教师、所有课程都承担好育人责任,使各类课程与思政课程同向同行,将显性教育和隐性教育相统一,形成协同效应,构建全员全程全方位育人大格局。

(二)课程思政建设是全面提高人才培养质量的重要任务

建设高水平人才培养体系,必须将思想政治工作体系贯通其中。要紧紧围绕国家和区域发展需求,结合学校发展定位和人才培养目标,构建全面覆盖、类型丰富、层次递进、相互支撑的课程思政体系。要切实把教育教学作为最基础最根本的工作,深入挖掘各类课程和教学方式中蕴含的思想政治教育元素,使学生掌握事物发展规律,通晓天下道理,增长见识,塑造品格,努力成为德智体美劳全面发展的社会主义建设者和接班人。

二、课程思政建设的总体要求

(一)指导思想

坚持以习近平新时代中国特色社会主义思想为指导,落实立德树人根本任务,坚决扛起浙江"三地一窗口"建设和学校"三地"建设的使命担当,以持续深化"青年学子学青年习近平"学习教育为抓手,以人才培养为中心,坚持将价值塑造、知识传授和能力培养融为一体,紧紧抓住教师队伍"主力军"、课程建设"主战场"、课堂教学"主渠道",实现课程思政在全部专业、全部课程、全部教师的"全覆盖",提升广大教师主动参与课程思政建设与改革的意识和能力,形成协同推进课程思政建设的完善体制和长效机制,打造兼具浙江味道和学校特色的课程思政品牌。

(二)总体任务

以五年为建设周期,按照"厚基础、创特色、铸品牌"的总体要求和校级、省级、国家级分层培养的原则,在实现课程思政"全覆盖"的基础上,积极实施"五个一批"课程思政建设行动:培育一批课程思政示范课程;选树一批课程思政优秀基层教学组织;设立一批课程思政示范研究项目;建设一批课程思政教学优秀案例;培养一批具有较强课程思政意识和课程思政教学能力的优秀教师。积极探索外语类院校课程思政建设的有效思路，协同推进校院两级课程思政组织建设，争创省级课程思政建设示范校，在全校上下全面形成广泛深入开展课程思政建设的良好氛围，为建构完善的学校思政工作体系提供课程支撑。

三、课程思政建设的主要举措

（一）完善课程思政培养体系

规范人才培养方案，修订完善课程大纲。围绕建设高质量学校思政工作体系的总体目标，结合学校人才培养定位，进一步规范人才培养方案，在落实本科专业类教学质量国家标准的基础上，修订完善课程大纲，找准课程与思政元素的融合点，确保课程思政建设覆盖到所有院系、所有学科专业和所有教师，实现专业教育和思政教育有机融合，寓价值塑造于知识传授、能力培养之中。

凸显专业特色，分类推进课程思政建设。统筹规划、分类推进各类课程的课程思政建设，使各个专业教学单位、各位任课教师都能在课程思政建设工作中找到自己的"角色"、干出自己的"特色"。公共基础课程要注重在潜移默化中坚定学生理想信念，厚植爱国主义情怀，加强品德修养，增长知识见识，培养奋斗精神，提升学生综合素质。专业教育课程要根据不同学科专业的特色和优势，深度挖掘、精心提炼专业知识体系中所蕴含的思想价值和精神内涵，在教学中自然融入育人元素，提升专业水平。创新创业教育和实习实践类课程，要注重学思结合、知行统一，教育和引导学生弘扬劳动精神，让学生扎根中国大地，了解国情民情，在实践中增长智慧才干，提升实践能力。依托体育教研部和艺术学院等部门，打造一批有特色的体育、美育类课程，帮助学生在体育锻炼中享受乐趣、增强体质、健全人格、锤炼意志，在美育教学中提升审美素养、陶冶情操、温润心灵、激发创造创新活力。

（二）拓展课程思政的建设资源

选好用好课程思政教材。优化教材选用工作体系，完善教材审核机制，按照"能用尽用"的原则提升思政教材的使用比例。扎实推进《习近平在浙江》《中国特色社会主义在浙江的实践》《浙江精神与浙江发展》《"红船精神"与浙江发展》《"红船精神"与时代价值》等具有浙江特色的教材资源进学校、进课堂。用好《青年学子学青年习近平》《探美浙江》等特色教材、读本，不断丰富学校课程思政的教材资源。

拓展课程思政的信息化资源。依托与中国新闻社、中国大学慕课平台等机构的合作，打造内容丰富、形式多样的"课程思政"信息化资源平台。推动"互联网＋课程思政"改革，开发一定数量的高质量的在线课程资源，满足不同专业不同年级学生的学习需求。

建设一批课程思政示范课程。在全面强化课程质量建设的基础上，强化优质课程的示范引领，通过立项、培育、实践、推广等过程，分年段、有计划地认定和建设 60 门左右的课程思政示范课程。积极推进通识课程改革，着力建设一批提高大学生思想道德修养、人文素质、科学精神、劳动精神、宪法法治意识、国家安全意识和认知能力的通识选修课程。

整理汇编一批课程思政特色案例。充分利用浙江"三地一窗口"的资源优势，鼓励教师主动将"红船精神"、"两山"理论、"八八战略"等具有浙江文化符号的特色资源融入课堂。扎实推进"青年学子学青年习近平"学习教育，依托课程思政改革，培养学生"矢志不渝的理想信念，爱国为民的家国情怀，勤奋好学的进取精神，吃苦耐劳的优秀品格"。经过五年持续探索和积累，形成涵盖不同专业和课程的 100 个课程思政建设优秀案例。

（三）加强课程思政的教学研究

探索有效的课程思政教学方法。将课程思政建设融入课堂教学，落实到课程目标设计、教学大纲修订、教材编审选用、教案课件编写各方面，贯穿于课堂授课、教学研讨、实验实训、课程考核各环节。以学生发展为中心，推进现代信息技术在课程思政教学中的应用，通过教学改革促进学习革命，激发学生学习兴趣，引导学生深入思考，鼓励采用案例式、互动式、探究式、体验式教学，增强学生的体验性、认同感和参与度，防止"课程"和"思政"的"两张皮"和"硬拼接"现象，提升课程思政的教学成效。

开展有效的课程思政教学研究。成立校院两级课程思政教学研究组织。学校成立课程思政研究与实践中心，统筹引领课程思政教学研究。分批次建立 15 个课程思政示范基层教学组织，在二级学院的统一领导下，发挥系统的课程思政教育力量。分批次立项建设 8 个专业思政建设项目和 40 个课程思政教学改革研究项目。加强课程思政建设研究，定期组织开展"课程思政"建设研讨会，依托多种媒体发布教师课程思政研究成果，提升学校在区域课程思政改革中的影响力。鼓励支持思政课教师与专业课教师合作开展教学研究，鼓励支持高层次人才带头参与课程思政建设。

（四）打造课程思政的优质师资

提高教师课程思政改革意识。坚持把师德师风作为第一标准，坚决克服重教书轻育人的现象。落实新时代高校教师职业行为准则，营造教师"爱学生、爱学术"的浓郁氛围，通过培训、研讨等，更好地激发教师的"三全育人"意识，引导教师主动挖掘专业课程中的思政元素，自觉加强课程思政建设，做到以德立身、以德立学、以德施教，更好担当起学生健康成长的指导者和引路人的责任。

提高教师课程思政教学能力。加强对专业课教师的思想政治理论教育，引导教师提升政治理论修养和思政教学能力。完善教师培训体系，将课程思政纳入教师岗前培训、在岗培训等工作。依托教师教学发展中心等机构，深入开展课程思政专题培训。在青年教师教学基本功大赛、课堂教学创新大赛及教师教学技能大赛等活动中强化课程思政导向，以赛促建、以赛促教。建立课程思政建设日常交流平台，及时交流共享改革成果，多渠道提升教师的课程思政教学能力。

（五）优化课程思政的评价机制

把课程思政建设纳入现有考核体系。贯彻落实新时代教育评价改革理念，在课堂教学质量评价中加入课程思政的要求。通过学生评教、督导评课、同行和党政领导听课等方式，科学评价教师课程思政的育人效果。把课程思政建设和改革工作纳入各二级学院（部）年度考核和教学、党建等专项考核的重要内容。

建立有效的课程思政激励机制。在教学成果奖、教材奖、教学名师奖等各类成果的评选和表彰奖励工作中，强化课程思政要求。加大对课程思政建设优秀成果的支持力度，营造全员参与课程思政建设的良好氛围。

四、课程思政建设的保障体系

（一）加强组织领导

学校成立课程思政工作领导小组，党政主要领导担任组长，统筹研究重大政策，指导督促课程思政建设和改革工作。形成领导小组统筹协调，职能部门密切配合，教学单位主动推进，授课教师具体落实的工作机制。建立学院党总支书记、院长带头抓课程思政机制，通过"一院一方案"落实课程思政要求。坚持"实院强系"，充分发挥系在课程思政建设中的主体价值，以系为单位，定期围绕课程思政共性问题开展研讨。发挥党支部战斗堡垒和党员教师先锋模范作用，通过党员教师在课程思政建设中的争先示范，激发全体教师参与课程思政建设的主体活力。

（二）完善支持保障

由教务处牵头，相关部门协同联动，统筹校内外资源，结合一流专业建设、各类项目申报、课程思政专项建设等，提高课程思政建设工作的经费，加强其他资源保障力度。

（三）营造良好氛围

注重总结凝练，加强课程思政建设的典型经验和优秀做法的宣传、交流和推广。坚持成果导向，固化课程思政建设成果。系统推进课程建设、教材建设、教学改革，营造课程思政的良好氛围，全面提高人才培养质量。

（三）课程思政的配套保障制度设计

正如笔者一直强调的，高校课程思政改革是一项多元素、多主体系统联动的改革，因此，在课程思政的制度建设领域，不能仅仅聚焦于课程思政的运行本身，还要充分考虑到课程思政改革与学校其他领域改革的系统联动性，通过相关领域、相关层面的制度建构，形成课程思政建设与改革的保障性制度体系。一是建立"课程思政"专项制度，将立德树人纳入高校教育教学规程、教学质量和绩效考核之中，形成课程思政领域的科研项目、教改项目等相关的评审立项制度；二是要建立完善课程思政的责任落实制度，特别是要在全体教师中明确"一手抓专业课教学、一手抓课堂思想政治教育"的"一岗双责"意识，形成一套全员、全程、全方位的责任落实制度，通过制度性的规范让教师明确课程思政责任，真正了解课程思政是什么，为什么要进行课程思政建设，以及自己在课程思政建设过程中能够做什么；三是建立协同备课制度，通过集体备考，实现通识课程、专业课程、思政课程等不同课程教师之间的互通有无，增进不同教师之间的相互了解，通过共同设计完成思政课程的课程设计工作，让教师深度参与课程思政建设中；四是建立资源整合制度，协调不同学科、不同学院、不同专业之间的关系，适度引入校外、线上等资源，建立课程思政建设与改革的资源库，包括教学大纲资源、课程标准资源、教学案例资源、实践项目资源、课程考核资源等，通过实践经验的传递与保留，形成课程思政建设与改革的集群效应；五是建立考核评估制度，从评估内容、路径、标准等维度进行设计，建构真正致力于课程思政理念有效落实的课程实施评估体系,以促进"课程思政"科学化和规范化。[1] 除此之外,从笔者在研究之初所进行的实证调研看,高校中课程思政和思政教育建设之所以难以达到令人满意的成效,在很大程度上是因为专门的思政教育工作者和专业课教师之间普遍存在着沟通不畅、相互支撑不够的问题,因此,在课程思政建设的保障制度体系中,有必要在专业课教师和相关行政部门之间形成意见反馈制度,核心要务是为专业课教师提供更加丰富的思想政治教育信息和素材,[2] 也进一步消除双方可能存在的误解,形成课程思政改革和思想政治教育改革的协同力量。

三、系统性的课程变革

课程思政改革,改革的原点和坐标必然是课程。高校之中专业众多,课程门类也是各式各样,如何寻找到指向课程思政建设的课程变革之道,这是涉及课程思政改革成效的关键问题。从笔者前文中的实证调查数据看,超过 90%的教师和超过 85%的学生都认为,课程思政建设与改革的关键在于课堂教学,其中教学方法的改进是关键中的关键。

课程和课堂不改变,就难以有真正的课程思政建设。开展有效课堂建设,笔者通过大量的课堂观察体会到,实施课程思政的关键在于行动。只要方向正确、内容对头就要去大胆尝试、积累经验、不断提高。

课程思政建设,首先贵在自然融入。教师实践之中的课程思政建设,特别是思政元素的有效融入,不是随机的、任意的,更不是生搬硬套的。教师自己要想清楚哪些地方可以融入思政元素,应该怎样融入思政元素,不要生硬地将思政元素硬性嫁接到课程教学之中,这样不但不会有很好的思政教育效果,反而可能会引起学生的反感。因为从本书的调查研究看,学生最不喜欢的就是生搬硬套的课程思政。其次,课程思政要注重严谨贴切。不同学科、不同专业,甚至不同的具体课堂教学,都蕴含着不同的思政教育元素。开展课程思政建设,不是要将思想道德教育的元素一股脑地全部灌输给学生,而是要充分挖掘不同专业、课程的特点,因而,课程实施中的思政教育必然是要与课程本身高度契合的。教师要将对学生的思政要求与本学科、课

〔1〕 王景云.论"思政课程"与"课程思政"的逻辑互构[J].马克思主义与现实,2019(6):186-191.

〔2〕 胡洪彬.课程思政:从理论基础到制度构建[J].重庆高教研究,2019(1):112-120.

程的教学有效关联,开发设计切合学生实际和学科教学要求的思政教育元素,让思政教育与学科教学真正融为一体。最后,课程思政不是多多益善的,而要画龙点睛。从思政教育本身看,思政教育的元素是多种多样的,教师可以传递给学生的思想价值引领也是多元化的,但一堂课上到底应该怎样平衡课程教学和思政教育,是不是越多的思政渗透课程教学的效果就会越好,这显然不能一概而论。教师需要结合教学实际,从丰富多样的思政元素中进行有效甄别,针对教学内容进行课程思政的有机渗透,达到画龙点睛、润物无声的境界,才是课程思政建设与改革真正需要的。

上述三个维度,实际上已经描绘出一个课程思政改革的整体要求,那就是课程思政不是要另外建构一个新的课程,也不仅仅是在原有的课程内容上补充"思政"的内容,它所需要的是课程与思政的巧妙地、有机的融合,既不打乱原有的课程教学进度和安排,也不局限于知识和技能的传递,这实际上是需要高等教育体系中的课程在目标、内容、实施、评价等领域的系统性变革。从这个角度出发,建构课程思政实施的保障体系,必须要用课程建设的思维审视课程思政问题,寻求课程思政改革对于课程本身的独特要求与价值导向。

(一)课程目标上突出"五育并举"

课程目标的设计是课程改革的基础工作,目标具有重要的导向价值,推动课程思政改革,首先要在课程的目标上做出调整。从目前的实际情况看,课程改革在世界各国、各级各类学校里都在进行,但实施课程建设与改革相对活跃的是中小学,就是在基础教育领域,高校的课程改革普遍呈现滞后的态势。就国内的实际而言,世纪之交的新一轮基础教育课程改革,突出强调了课程目标设计上的合理化,强调要改变过去过于注重知识传递的弊端,对学生"知识、技能、情感、态度、价值观"等多方面要求给予了关注,希望通过课程目标的重新厘定促进学生全面发展。2016 年 9 月,经教育部相关专家和机构审议,《中国学生发展核心素养体系》正式公布,这是我国课程教学和人才培养改革主动融入世界教育改革潮流的主动尝试,也是对新时代人才培养和教学改革的一种本土化设计。中国学生核心素养体系从人文底蕴、科学精神、学会学习、健康生活、责任担当、实践创新等六大方面对中小学生应该具备的品格、能力、素质、精神等进行界定。这不仅对新时代立德树人过程中需要"立什么德、树什么人"的根本问题进行了具体化的阐释,还对包括德育在内的课程教学改革产生了积极的影响和引导。对于高等教育而言,尽管高等教育与基础教育在人才培养目标和定位上有所不同,但是其在课程改革之中的很多价值导向应该都是相通的,如何针对原有课程体系中目标单一、局限的问题,着眼于学生全面发展,建构"五育并举"的课程目标体系,既是当下高校课程改革的重要内容,也是推动课程思政变革的重要前提。

由此,从课程思政建设的角度出发,高校课程思政建设与改革,应该凸显课程改革在价值层面的追寻和回归,倡导任何课程除做好学科专业知识的传递之外,还要引导学生更好地形成价值观的重塑,这才是高等教育课程的本质意义。2018 年,全国教育大会指出,教育既是国之大计,更是党之大计。要深入贯彻落实全国教育大会的精神,推动新时代教育改革发展进入新的水平,任何一所学校都必须围绕立德树人的教育根本任务,着眼于学生全面发展,建构德智体美劳全面发展的高质量学校人才培养体系。在这一过程中,德育的改革发展是基础工作,也是首要工作。改革创新德育,关键是德育方式的创新,要通过有效的设计和实践,引导学生加强思想品德修养,培育学生对社会主义核心价值观的有效认同。应该指出的是,对于德育的改革创新,任何层级的学校都有共性的要求,但是不同层级的教育阶段也应该有不同深度的设计。对于高等教育阶段的学生而言,除学生自身思想道德修养的提升,还需要着重培养学生的"社会责任"感,这种对于社会责任的界定和需求,不仅已经明确写入了新修订的《中华人民共和国高等教育法》,还在实践之中为高校德育改革和课程思政建设与改革形成了良好的互动,而且"对于探索构建大中小学一体化的德育课程体系具有重要的制度意义"[1]。正如有学者所言:"大学课程不仅仅是追问其范围的解释之学,更是规范人的价值之学。"[2]从这个意义出发,教师在制定课程目标,修订教学大纲的时候,就要跳出单纯的知识、技能、专业局限,在课程目标的考量和设计上主动融入思政领域的思考和建构。

(二)课程内容上突出"思政元素"

课程思政,基础在课程,亮点在思政。要实现课程的思政教育价值,在课程内容上主动融入思政元素是必不可少的。课程思政改革意味着课程教

〔1〕 伍醒,顾建民."课程思政"理念的历史逻辑、制度诉求与行动路向[J].大学教育科学,2019(3):54-60.

〔2〕 谢冉.大学课程:回顾、反思与视角转换[J].现代大学教育,2014(1):13-18,111.

学在价值追求上的重塑和转型,其核心要求是将思政元素真正融入课程教学。思政元素是一个复杂的概念,其本质和核心是精神元素。这种精神元素既是国家层面、社会层面对于学生精神素质的整体要求,也是对学生进行思想引领和价值教育的有效方式。从这个角度出发,所谓的课程思政改革,不是要在原有的课程结构中重新设计一两门新的课程,而是要将课程思政倡导的精神元素通过有效的方式嵌入原有的课程之中,这不仅需要教师教学观念的转型,还需要高等教育教学体系的整体设计和重构。将课程思政的本质,也就是精神元素融入课程教学,需要两个维度的设计:其一,要真正吸收人类社会一切文明成果,特别是精神文明建设的成果,通过通识课程等的建设,将人类社会发展文明成果融入课程教学,让学生真正了解世界,为未来更好地融入世界做好准备;其二,更为重要的是,要彰显中国精神,将中华优秀传统文化中的思想道德元素进行有效整合和挖掘,通过课程思政改革真正传承中华精神,讲好中国故事。这意味着,对于当今时代的高校课程思政建设与改革而言,要坚持中国特色社会主义教育的本质特征,立足中国大地,锐意改革创新,用中国本土性的思想与精神基因改造传统的教学,更好地构筑中国精神、中国价值,为学生成长提供精神指引。从某种程度上说,尽管课程思政的实践成效依赖于很多元素的整体优化与组合,但是在其中起到基础性作用的一定是教师对于课程的处理方式。只有教师能够在课程教学中真正立足专业课程自身的特点,以有效的方式挖掘专业知识背后蕴含的人文价值、科学精神和情感道德价值观元素,才能使专业课程的教化功能在更广阔的层面上进行拓展和发挥,将内在的课程价值有效转化为师生的外在表现。基于上述分析,整体而言,要真正推动高校课程思政改革,必须充分尊重学生的认知规律、成长规律和学习规律,在切实履行好高等教育课程教学和立德树人职责使命的基础上进行合理地课程构建,通过课程内容、课程实施、课程评价的系统性变革,真正处理好课程实施中人才培养、学术创新、理论实践等问题,加强不同学科、不同课程的交叉、融合和创新,以完整的、特色的课程体系建设,"探索构建支撑'课程思政'的课程生态"[1]。应该指出的是,尽管高等教育体系内的课程存在差异,但是毫无疑问,任何课程都具备思政教育元素,如何有效发现这些元素,如何在课程建设的内容体系中很好地体现这些元素,这是考验教师专业能力、专业素养的重要层面。

---

〔1〕　伍醒,顾建民."课程思政"理念的历史逻辑、制度诉求与行动路向[J].大学教育科学,2019(3):54-60.

(三)课程实施上突出"课堂联动"

课程思政改革,从本质上说,应该是一种实践性的行为,它希望能够通过对传统课程目标、内容、实施和评价的重构,更深层次地挖掘和发挥课程的广泛育人价值,在这个过程中,课程如何实施是最为关键的问题。从课程研究的历史看,长期以来,课程实施并不是一个单独的、重要的研究领域,人们在研究课程的过程中,往往容易将更多的精力放到课程计划和内容的编制之上,试图通过完美的课程方案打造出理想的课程。20 世纪 70 年代以来,课程实施成为一个新的研究领域,这一领域研究的兴起不是偶然的,而是有着重要的实践基础。它主要是源于人们对 20 世纪五六十年代美国所进行的大规模的课程改革运动的反思。在这次课程改革中,美国投入了大量的人力、物力,对课程改革的方案设计也尽可能做到了周全、科学、详细,但是,这些看似美好的课程方案并没有在实践中取得预期成效,[1] 究其原因就是课程实施出了问题。在后续关于课程实施的研究中,研究者对课程实施的价值取向、方法体系等进行了系统性的研究,时至今日,实践取向、创生取向等课程实施,依然引领课程实施的重要价值导向。

对于课程思政改革而言,教师以怎样的取向、怎样的方式来实施课程思政尤为关键。从本质上说,课程实施要凸显课程的育人价值,但是在这一过程中,应该有一个基本的判断,课程的实施不应该局限于课堂之上,还要拓展到课堂之外,以更加广泛的视角思考和重构课程的实施问题。一方面,在课堂教学之上,教师应该有较好的课程思政意识,主动挖掘和重组专业课程中的思政教育元素,同时,通过案例教学、探究教学、对话教学等方式,引导学生更加主动地参与学习之中,积淀道德情感与生命情怀;另一方面,要努力借助校园文化活动、社会实践活动、海内外交流学习活动等,让学生走出课堂,在实践领域通过更广阔的感知体会情感、道德和价值观,促使课程思政成效的积极内化。从实践导向的课程实施出发,参与课程开发实施是教师专业生涯的重要组成部分。实践中理解课程实施,会发现实践领域的课程计划,很多时候并不是如同后现代课程学者所言的那样,课程计划是一种完整、全面、详细、周到的"宏大叙事",反而在具体的实践中,课程的有效实施,更多地需要依赖课程实施主体根据具体情况对课程方案进行的调整和修改。这也就意味着,课程实践需要教师积极参与,任何课程都是需要动态

---

〔1〕 汪霞.课程实施:一个值得关注的问题[J].教育科学研究,2003(3):5-8.

调整的课程,而非一种计划好了的完美无缺的课程。[1] 因此,在课程思政体系建构和课程具体实施的过程中,教师应该根据课程的性质以开放包容的心态充分利用各类资源,拓展课程实施的途径,在静态和动态的有机结合中建构课程思政实施的良好系统,让第一、第二、第三课堂(有的研究加入了第四课堂的概念,将学生在境外、海外学习交流的实践活动等视作第四课堂)围绕学生思政教育进行有效的贯通。只有如此,才能更有效地推动课程思政,真正建构涵盖学生全部教育生活的完整的思政教育系统。值得一提的是,要实现不同课堂的育人联动,不能仅靠学科教师、专业教师单方面的努力,要从制度层面打通课堂联动的壁垒,特别是要在学生学分转化、成绩互认、师资共享等领域建构制度性的保障。下文中某学校的"四课堂"联动方案可以作为课程思政实施过程中"课堂联动"方案设计的一种参考。

浙江××学院"四课堂"联动实施方案

第一、二、三、四课堂聚焦人才培养目标和毕业要求,分别承担课堂教学、校内拓展、校外实践、海外实践等重要职责。

为不断强化学校第一、二、三、四课堂间的联动,提高办学效能,更好地培养具有家国情怀、国际视野的高素质应用型人才,特制订本实施方案。

一、"四课堂"组成

第一课堂(课堂教学):指人才培养方案确定的课程教学,在培养专业能力、通识素养、外语特长和多元发展潜能的"3+X"课程体系平台上进行。

第二课堂(校内拓展):指学校在校内课堂外组织的、与第一课堂相关的教学活动,是第一课堂的延伸和拓展,包括实验教学、校内实训、社团活动、各类大赛、在线学习、讲座演出等。

第三课堂(校外实践):指由学校组织,在社会上进行的人才培养活动,包括专业见习、专业实习,国际志愿者服务,暑期社会实践等,是学校教育的延伸和拓展。

第四课堂(海外实践):指由学校组织,延伸至海外的人才培养活动,是国际化人才培养的重要渠道,包括出国境交流、海外游学、海外带薪实习实践等。

---

[1]　姜勇.实践取向的课程实施刍议[J].比较教育研究,2002(6):40-43.

"四课堂"是人才培养共同体,共聚一个目标、执行一个方案。

二、"四课堂"形式

1.培育全校学生受益的第二、三、四课堂的特色精品活动成为学校精品课程:

(1)"青年学子学青年习近平"学习教育课程,"课堂教学＋社会实践＋劳动实践"模式,共 2 学分;

(2)"国际志愿者培训与实践"课程,"课堂教学＋在线课程＋实践教学"模式,共 2 学分;

(3)创新创业训练环节,"课堂教学＋实践教学"模式,共 3 学分;

(4)社会实践环节,"实践教学"模式,共 1 学分。

2.针对与专业紧密相关的第二课堂内容,将其作为公共选修课或专业选修课,实行课程化管理,大致分为三类:

(1)专业类社团活动、特长类社团活动;

(2)各 A、B 类学科竞赛的指导训练;

(3)合唱团、武术队等艺体类排练演出。

3.针对其他第二、三、四课堂内容,按照各类活动实施方案运作,凭借方案管理细则可申请替换公共选修课学分、创新创业学分或专业选修课学分,其中涉及劳动教育的活动操作流程将由学工部发布相关通知或实施方案,涉及"大使进校园系列讲座"的具体操作流程将由宣传部发布相关通知或实施方案:

(1)各类大赛学分替换政策:在"外研社"全国英语演讲/辩论大赛、全国大学生数学建模竞赛、"浙江省挑战杯"大学生课外学术科技作品/创业大赛、浙江省师范生教学技能竞赛、浙江省大学生中华经典诵读竞赛、全国高校俄语大赛等 A 类、B 类竞赛中获奖,均可根据获奖级别替换相应课程学分。

(2)创作发明学分替换政策:发表学术论文、文学艺术作品,出版专著、译著,获得发明及专利等均可替换相应创新创业学分、专业选修课学分。

(3)各类资格证书学分替换政策:获得国家职业资格证书(如教师资格证、翻译专业资格证、注册会计师证、证券从业资格证、注册金融分析师资格证、导游资格证、秘书资格证等),获得行业标志性企业、协会颁发的资格证书,CET-4、CET-6、TOEFL、IELTS 等达到相应成绩要求的均可替换相应专业选修课学分。

(4)在线学习的学分替换政策:完成在线学习课程(爱课程、超星尔雅、智慧树、大学外语慕课、浙江省平台)并获得相应学分的,可替换相应专业选修课程学分。

(5)论文多样化选择政策:毕业论文(设计)的形式既可以是传统形式的毕业论文(设计),也可以是反映学生创新能力且与专业教育相关的作品、毕业设计、案例分析、调研报告、商业策划、参加科研训练和学科竞赛(A 类和 B 类)取得的省部级及以上成果、在核心期刊发表的学术论文、专利主管部门授权的省级及以上专利等。

(6)出国境交流学分替换政策:出国境交流、海外游学、海外带薪实践等均可替换相应专业选修课学分(详见《浙江××学院海外小学期学分转换管理办法》)。

(7)专业应用能力实践学分替换政策:除人才培养计划规定的实践环节外,学生赴合作企事业单位进行的专业应用能力实践可替换相应专业选修课学分。

(四)课程评价上突出"量质结合"

评价是当前各级各类教学改革中颇受关注的命题。从本次调查的情况看,学生和教师对于课程思政的评价建设普遍存在认知不足、方法不多的问题。从学生的角度看,他们认识到教师在教学过程中能够关注到自己除专业知识外其他维度情感道德价值观的成长,但是这种关注往往只是通过零散的、随机的、过程性的评价言语实现,与课程思政理念相契合的评价体系没有真正建构起来;从教师的角度看,由于对新时代教育评价理念和方法的认知与掌握不足,加之课程思政建设本身的复杂性,很少有教师会在课程思政的评价领域倾注精力,一个鲜明的表现就是大约 95%的教师都表示自己在期中、期末的考试和其他评价模式中,几乎不会出现对学生思想政治领域的评价话语。

课程思政也好,任何其他领域的课程教学改革也好,本质上都是为了提升人才培养的质量,而人才培养质量的高低,必然离不开科学的评价体系。近年来,课程教学领域的研究之中,评价领域的变革是最为活跃的,特别是新时代教育评价改革的实施意见颁布之后,如何围绕学生成长成才,构建高质量的评价体系成为一个急需破解的重要命题。对于课程思政的改革而言,评价领域的建构就是要打破传统高校课程评价之中过于关注量化评价的弊端,建构起量化评价和质性评价相互融合的科学的评价体系,为课程思政建设与改革保驾护航。具体而言,"课程思政"是立足于学生精神成长、在精神层面揭示大学课程的育人价值,这对大学课程评价制度的变革提出了新要求。目前,由于工具理性主导着大学制度与管理,我国大学的课程评价制度还不完善,评价体系也不健全。由于对以知识传递为导向的教学价值观的固守,以及对学生评价系统性、整体性的关注不够,当前的大学课程教学和学生评价体系中,普遍受到关注的依然是通过分数、数据等方式对容易测量的课程教学目标(如知识的掌握水平)进行评价,而对于课程是否真正促进了学生情感、道德、价值观等领域的成长和发展,学生评价体系中有没有涉及,很多大学都不愿提及。[1] 客观而言,课程思政的建设与改革,一个很大的价值导向就是突破课程教学中对于学科知识的固守,倡导学生基于专业学习的精神成长和价值观培育。而相较于显性的、外化的学科知识,人的精神世界和价值观成长更具内隐性和复杂性,通过单纯的量化评价很难对其做出科学的厘定和判断。从这个角度出发,要真正推动课程思政的建设与改革,就需要在课程教学和学生评价的理念、内容和方式上进行突破创新。其中最为重要的是,要将课程教学评价的维度从单一的知识技能领域向更为广阔的人文素养、社会责任、情感道德、思维品质等领域进行拓展,综合运用新时代教育评价改革倡导的增值性、过程性、整体性评价理念,融量化评价和质性评价于一体,从课程思政的角度,进一步细化对教师教学活动的指导和对学生学习效果的测量。[2] 众所周知,评价是教育发展、课程改革和人才培养的重要指向标,如果没有评价领域的变革,课程思政的建设与改革必然会缺少重要的保障因素。而从整个教育体系的改革历程看,评价领域的改革无疑是最受关注也是最为困难的。可以预见的是,未来的课程思政改革,要想在实践领域取得令人满意的成效,必须下大力气在课程的评价、学生的评价领域进行持续而深入的研究。

四、专业性的师资队伍

教师是教育的第一资源,承担着传播知识、传播思想、传播真理的历史使命,肩负着塑造灵魂、塑造生命、塑造人的时代重任。在推进课程思政改

---

〔1〕 吴洪富.透视美国研究型大学本科教学与科研关系的迷局[J].高等教育研究,2016(12):94-102.

〔2〕 伍醒,顾建民."课程思政"理念的历史逻辑、制度诉求与行动路向[J].大学教育科学,2019(3):55-60.

革的过程中,如何打造适应课程思政改革趋势的高素质、专业化教师队伍,是撬动课程思政改革的重要着力点。从本次实证调查的情况看,一个最显著、最值得关注的现象就是学生和教师对当前的课程思政建设与改革成效的满意度都不高。学生期待教师有更高超的教学技术实现课程与思政的完美融合;教师普遍感受到课程思政对自己原有的教学理念和教学方式带来了冲击,必须通过新一轮、深层次的专业发展来形成匹配课程思政建设与改革的专业素养。这意味着,高校的教师队伍涵盖很多维度,其中专业课教师是实施课程思政的主体,是课堂教学的第一责任人。他们的思政意识、思政素养和思政能力对于课程思政教学改革的成功至关重要。[1] 由此,教师因素是高校课程思政改革的关键因素,也是影响课程思政实施质量的决定因素,只有真正打造具有课程思政意识和能力的高素质教师队伍,才能为课程思政改革提供持久、内在的力量支持。

(一)重构教师专业发展的内容体系

教师是教育的第一资源,是教育质量和人才培养质量的最重要决定因素。教师的专业发展水平也是衡量教育发展水平的重要指标。自 20 世纪 50 年代教师专业发展命题明确提出以来,如何通过有效的理念、制度和路径设计促进教师有效的专业成长,越来越成为教育研究的热点问题,成为上至国家、政府,下至每一个区域、每一所学校政策制定和实践变革的重要出发点。对于教师队伍建设而言,只有高质量的教师队伍,才能造就高质量的教育;只有教师精神和灵魂得到真正解放,才能成就学生生命的精彩绽放;只有教师具备主动发展的空间,学生的自我成长才能够有更多的可能与支撑;只有教师以创造的价值和情怀开展工作,教育创新才有可能,学生创新精神的培育才有依靠。这充分表明,教师队伍的质量是决定教育质量的基石,最终决定学生发展水平的关键要素在于教师自身的专业成长,也正说明了教师专业成长研究所具有的意义与价值。

纵观中国教育改革发展的历史,对于教师队伍建设和教师专业发展的重视始终伴随着教育发展。特别是进入新时代以来,习近平总书记多次在考察、讲话、批示中表达了对教育事业的重视和对教师职业的尊崇,强调要发挥教师在立德树人中的重要作用。对教师创造性地提出了"四个引路人""四有好老师""四个相统一"等要求。要求引导和保障"教师安心从教、热心

---

〔1〕　成桂英.推动"课程思政"改革的三个着力点[J].思想理论教育导刊,2018(9):67-70.

从教、舒心从教、静心从教,让广大教师在岗位上有幸福感、事业上有成就感、社会上有荣誉感,让教师成为让人羡慕的职业"[1]。"四个引路人"蕴含了新时代教师职业的道德要求;"四有好老师"体现了新时代教师职业的伦理责任要求;"四个统一"明确了新时代教师的使命担当。[2] 不论是对于教育行政部门而言,还是对于一线教师而言,要实现上述维度的要求,都要靠持续不断地专业成长。

从历史上看,尽管对于教师专业发展的实践由来已久,但是明确提出"教师专业发展"的概念,不过是 20 世纪中叶的事情。在教师专业发展的研究与实践过程中,对于"专业"一词理解的多样化和教师工作的特殊性使得教师专业发展日渐成为一个复杂的系统概念。"专业"这个词在初期被认为强调权力多于责任,若一个职业要争取成为"专业",会被看作是在争取提高地位和收入,改善工作条件。[3] 而对于教师成长和教学改进这样一贯以奉献为特色的行业而言,追求自利的举动更易招人反感,因此,霍伊尔(E. Hoyle)提出,可以从"专业主义"和"专业性"两个角度界定教师的专业成长,前者有助于谋求教育工作和教师职业应有的地位和待遇,后者强调教育工作特定的知识和技能。[4] 之后的教师专业发展研究中,交织着教师专业素养、教师专业化、教师专业成长等复杂概念,使得教师专业发展的概念日渐丰富。

教师专业发展是一个理性认知与实践变革同步的过程,如何认识和建构教师专业发展的内容体系,是建构教师专业发展理论体系并设计教师专业发展实践路径的基础。尽管对于教师专业发展的具体内涵理解不尽相同,但是无论是国内还是国外学者比较一致的观点是:教师的专业发展是一个动态的、不断发展变化的过程,充分肯定了教师专业发展对教育的影响与作用。通过对上述学者的观点进行梳理和总结,笔者发现学者们将教师专业发展的内涵划分为以下三种类型:第一,教师专业发展是指教师进入实践教学后自身不断成长的过程;第二,教师专业发展是促进和提高教师专业成长的过程;第三,教师的专业发展不仅是教师专业成长的过程,同时还是促

---

〔1〕 鞠鹏.全面贯彻落实党的教育方针 努力把我国基础教育越办越好[N].人民日报,2016-09-10(1).

〔2〕 韩喜平,李帅.习近平关于新时代教师职业重要论述的价值意蕴[J].福建师范大学学报(哲学社会科学版),2020(1):9-16.

〔3〕 Lees,D. S. The Economic Consequences of the Professions[M]. London: Institute of Economic Affairs, 1966: 299.

〔4〕 王晓莉.教师专业发展的内涵与历史发展[J].教育发展研究,2011(18):38-47.

进和提高教师成长的过程。只有从不同维度全面理解教师专业发展（成长）的多元内涵（见表1），才能准确把握这一概念背后蕴含的发展性价值，更好地设计教师专业发展路径体系，更好地设计指向于新时代的教师专业发展路径。

表1　不同视角下的教师专业成长概念界定[1]

研究视角		教师专业成长界定
社会学与教育学的角度	社会学	因为专业化是指一个普通的职业群体在一定时期内，取得符合专业标准、成为专门职业、并获得相应的专业地位的过程，所以教师专业化是指教师职业成为专门职业、并获得应有的专业地位的过程。所关注的问题有专业的历史发展、专业资格审定、专业组织、专业守则、专业自主等。通常用"教师专业化"这一概念来加以概括
	教育学	在关注"教师社会、经济地位提高和争取资源与权利的分配"的同时，"更着重于教师教学水平的提高、教师的专业知识和专业技能的提高"，这被称为教师专业发展
"教师专业的发展"和"教师的专业发展"角度	教师专业的发展	强调教师群体外在的专业性的提升，视教师职业为一种专门的职业
	教师的专业发展	强调教师个体内在的专业性的提升，关注教师如何形成自己的专业精神、知识、技能
教师专业发展过程和促进教师专业发展的角度	教师专业发展过程	"教师专业发展是指在教学职业生涯的每一个阶段，教师掌握良好的专业实践所必备的知识与技能的过程"，持这种观点的学者认为，教师专业发展即教师专业成长过程
	促进教师专业发展	教师专业发展是指促进教师专业成长的过程，这涉及教师专业发展过程中的影响因素、途径和方法。其"主要关注特定的教学法或课程革新的实施，同时也探究教师是如何学会教学的，他们是如何获得知识和专业成熟，以及他们如何长期保持对工作的投入等"。在这些学者看来，教师专业发展实际上等同于教师教育

就教师专业发展的内容而言，国内学者普遍倾向于从专业知识、专业能力、专业道德、专业精神等领域对教师专业发展的内容体系进行建构。如陈永明等研究者认为，教师的专业能力包括教师解决问题的能力、创新思维和实践能力、批判反思和自我发展能力、人际沟通与表达能力、驾驭现代信息

---

〔1〕　胡惠闵.指向教师专业发展的学校管理改革：上海市打虎山路第一小学个案研究[D].上海：华东师范大学，2003.13-20.

技术的能力,教师的专业知识包括学科知识、行为知识和人格知识。教师的专业道德是教师专业发展的基础,教师的专业精神是基于教师职业理想信念表现出来的职业风范。[1] 在其他的相关研究中,专业信念、专业知识、专业能力、专业情感、专业智慧等,都可以被用以界定教师专业发展的结构体系。

值得一提的是,教师专业发展的内容体系建设,不仅是一个学术层面的问题,在实践之中还能够对教师的专业发展行为、专业发展评价造成直接的影响。纵观教师专业发展的内容沿革,尽管具体的划分标准可能不同,但是有一个基本的历史脉络是非常清晰的,那就是人们总是需要根据时代发展、教育发展的新需要不断重构教师专业发展的内容体系,使得教师专业发展的理论建构和实践探索能够密切结合时代发展需要。在把立德树人作为教育根本任务的新时代教育体系之中,教师不仅需要做好专业领域的教学,还需要充分利用学科、专业的独特优势,帮助学生开展思想、道德、情感、价值观等领域的教育,也就是做好课程思政的有效设计与实施。这意味着在新时代的教师专业发展体系之中,理所当然地应该将课程思政领域的要求纳入教师专业发展的内容体系之中,对教师课程思政的意识、能力等进行明确的要求,不断丰富新时代教师专业发展的理论体系,在实践中引导教师自觉提升课程思政意识和能力。

教师专业发展是教师的核心使命,教师专业发展也是一个动态的变革过程,只有将课程思政的要求明确融入教师专业发展的内容体系,才能够真正建构起教师参与课程思政的法理支持,让教师更加积极主动地参与课程思政建设之中。

(二)激活教师课程思政的自觉意识

从哲学上讲,意识是人对大脑内外表象的觉察,是客观事物在大脑中的反应。意识是行动的先导,也是培养和形成某种能力的思想基础。从根本上说,教师的课程思政意识在内容和形式上是从属于教师的育德意识的,二者在价值、目标和实践路径上具有内在的一致性。教师的育德意识指教师在各项教育教学活动中关注道德教育资源,把握道德教育时机,主动培养学生道德品质的意识。从全面育人和立德树人的角度看,每一位教师都要具备育德意识,将育德与课堂教学结合起来,充分关注学生的健康、审美、爱

---

[1] 陈永明.教师教育学[M].北京:北京大学出版社,2012.242-244.

好、道德等,了解学生的需求,帮助学生养成良好的品质和习惯。

对于教学过程中"育德"的价值,一直是教育研究和实践讨论的热点问题,特别是进入 21 世纪以来,几乎所有的教育学论述都认为教学的过程不仅是知识的传递过程,还应该成为道德的培育过程,要注重挖掘教与学的道德元素,让育德贯穿在教育教学的过程之中。不少研究指出,有灵魂的教育就要强化精神熏陶和道德引导,将学生引向开阔的芳草地,育德应该成为教育的灵魂。

近年来,随着立德树人教育根本任务的确立,教育领域对教师"育德意识"和"育德能力"培养越来越重视。大量研究者认为要培养全球时代的"道德人",必须强化教师的育德能力,教师积极而有效地实施健心育德,是落实立德树人的现实需要。立德树人的主阵地在课堂,主渠道在学科,主力军是教师。因此,提升教师的育德能力,不仅关乎立德树人教育根本任务的实现,还关乎课堂教学有效性,是课堂教学育人效能充分发挥的重要支撑和保障。纵观当下的国际国内教育改革和教师专业发展实践,如何发挥教师的德育工作价值,提升教师的道德教育意识与能力,越来越得到普遍的关注。这种关注表现在两个方面:一方面,从理论上说,教师的育德意识和能力,已经同教师自身的道德素养一样,被视作师德师风建设的重要内容,成为教师专业发展内涵体系的重要组成部分,只有提升教师的道德素养,优化教师的道德教育意识和能力,才能让教师更好地承担立德树人的教育根本任务已经成为一种学界共识;另一方面,从实践的角度看,在当下的课程教学改革中,各地各学校都高度重视依托学科教学和班级管理、学校管理的变革,提升教师的道德教育意识和能力。这些理论和实践中的探索,实际上为高校课程思政建设与改革,特别是教师课程思政意识与能力的培养提供了理论与现实依据。

从课程思政建设的角度看,提升教师的课程思政意识是教师能否主动参与课程思政变革的首要因素。因为从宏观的角度看,尽管国家层面、区域层面和学校层面都普遍对课程思政的实施理念和方式有较为明确的统一性规定,但是落实到具体的实践之中,教师在课堂上以一种怎样的态度和方式对待课程思政,往往取决于教师自身对于课程思政价值的内在认同。这意味着教师在课堂上面对课程思政的内容,讲与不讲,讲多讲少,怎样讲,讲得如何这一系列问题,教师有着很大的选择空间,换言之,从根本上说,教师对于课程思政实际上具有较大的自由裁量权。这也就意味着,如果教师没有发自内心地对课程思政的理念和价值形成内在认同,就不可能在教学的过程中对课程思政的有效实践方式进行自觉地探索,课程思政建设与改革的成效也就难以得到保障。从根本上说,专业课教师的课程思政意识及其对课程思政的认同感和使命感,决定了他们对于课程思政探索与实践的积极性和努力程度。[1] 这一基本判断决定了高校在进行课程思政建设与改革的过程中,必须把激发、培养和提升教师的课程思政意识作为首要任务。

教师课程思政意识的培养还涉及一个主动与被动的问题,要保障教师能够自愿、持久地参与课程思政,教师的课程思政意识培养必须发自教师的内在自觉。自觉,是教师专业发展进入当今时代后提出的新概念,也是教师专业成长的重要价值转型。从当前我国各层级教育体系中的教师专业发展样态看,普遍的实践方式依然是由地方政府、教育主管部门或学校发起,教师被动参与的模式,在这种模式中,不论是培训的内容还是培训的实施方式,都是依托于一种独立于教师之外的外在设计,这种独立于教师的自上而下的培训模式,固然有助于教师专业水平的整体性提升,但是在这一模式下滋生的诸如教师积极性不高、受训效果不理想等问题也越来越严重。现代社会把对人的生命的尊重放在首位,这种尊重落实到教师专业发展领域就是要求在设计教师专业发展策略的过程中充分考虑教师的现实需要,激发教师的内在发展动力,让教师成为自我发展的思考者、设计者和主要实施者。基于这样的认识,教师专业自觉的概念明确提出,这一理念认为教师专业发展的实质是教师的专业自觉,没有教师的专业自觉,就难以真正实现教师的专业发展。同时,没有教师对于课程思政的自觉,教师也就不可能真正全情地投入课程思政建设之中。

教师的专业自觉,是把职业活动当作研究对象,能够理性审视自身的专业水平与职业活动,[2] 从这种自觉界定出发,教师的课程思政自觉意识在实践之中至少应该有三个维度的表现:教师能够自觉认识到参与课程思政改革的重要价值,能够在课程思政建设和改革的过程中表现出积极性和参与性;教师能够充分利用课内课外的实践,主动思考课程思政的有效建构方式,并在实践中努力形成自己的课程思政建设理念、路径,着力提升本课程、本学科、本专业的课程思政成效;教师能够主动发现课程思政建设过程中存在的问题,并且能够充分利用自己的专业发展时间来主动思考和解决这些问题。一个真正具有课程思政自觉意识的教师,不会将参与课程思政视作被动的行为,而是真正融入他们的专业成长,融入课程和专业改革,融入自己的全部职业生涯,这才是课程思政改革持续开展并取得实效的关键。值

---

〔1〕 成桂英.推动"课程思政"改革的三个着力点[J].思想理论教育导刊,2018(9):67-70.
〔2〕 舒定志.论教师的专业自觉[J].教师教育研究,2007(6):10-13,23.

得一提的是,教师课程思政自觉意识的形成不是自然而然的,既需要外部的政策引领、宣讲,也需要教师从内心真正认识到课程思政的价值,只有在内外的有效协同之中,才能真正帮助教师树立清晰明确的课程思政自觉意识,为后续教师持续性参与课程思政变革提供精神力量。

(三)提升教师课程思政的实践能力

课程思政实施的成效,归根到底要看教师的实践运用能力,提升教师课程思政意识并不能够直接改善课程思政的成效,只有促进教师课程思政能力的不断提升,才可能从根本上优化课程思政的实践成效。"能力"原本是心理学概念,是主体掌握和运用知识技能的条件并决定活动效率的一种个性心理特征。国际培训、绩效、教学标准委员会(IBSTPI)将教师能力标准界定为:一整套使个人可以按照专业标准的要求完成特定职业或工作职责的相关知识、技能和情感态度。在这个定义下,IBSTPI 根据对大量教师及教育利益相关者的调查研究,总结概括了涵盖 5 个维度、18 项能力和 96 项具体绩效指标的教师能力标准体系,其中很多领域涉及教师对于学生道德、思想、价值观领域的要求,如认识教学实践中潜在的道德和法律问题;遵循组织和职业道德规范;确保公平对待所有学习者等。

国际上,教师的思想道德培育能力也是各国关注的核心问题之一。纵观各国的教师能力标准,无不把育德能力及其相关素养作为教师必备素养。如美国教师职业标准中包含了"增加人文关怀,以学生成长为工作重心;给学生以希望,激发学生潜能,帮助学生一步一个脚印地去实现;了解学生现状、尊重学生差异、全方位关注学生;给学生无私关爱,帮助其树立正确的信念和道德,成为一个善良的人"等道德层面的要求;德国的教育职业标准指出,教育是尝试有意识地、有意图地影响学生的个性发展。只有当教师为学生提供各种可能的体验,并且自己做出榜样,那么正面的价值取向、态度以及行为就能产生有说服力的影响;由于受到中国儒家思想的影响,日本人普遍认为教师的道德修养和人格魅力是评价一个教师的基本标准,也是最重要的标准,教师要想为人师表,就必须达到社会道德所期待的特定标准,而这些标准甚至比教师自身的知识储备、个人能力重要得多。美国简·尼尔森等教育学者提出正面管教,推崇用"共情"的态度进行自我育德能力的培养,并推行从家庭至课堂的正面管教的案例,同时给教师做专题培训。

任何层面的教师能力和素质,都必然带有相应的情境性和实践性要求。回归到高等教育的教学范畴和体系之中,教师的课程思政能力不应该被理解为一种单一的能力,而是教师综合运用自己的知识、情感、价值观、人格特质、教学艺术、思维品质等诸多因素,对课程思政进行整体设计和实施过程中表现出来的一种综合能力。这种综合能力的实现,一方面有赖于教师对课程思政本身价值的内在认同;另一方面,也需要教师具备较强的综合素质和能力,能够有效结合教师对于学科、教学、学生、课堂、学段等因素的理解和把握,对专业课程的内容和思政教育的内容进行有机配对衔接。简而言之,课程思政能力是一种综合能力,这种能力是在教师开展学科教学和思政教育的实践中积淀而成的。在笔者看来,课程思政能力是一个系统的能力,从实践的角度看,这种能力至少应该体现在以下三个维度:

1. 课程思政的教学实施能力

教学是教师的基本功,教师专业发展的实践属性从根本上说就是体现在教师的教学之上。课程思政的实施过程,本质上就是教师的教学过程,教师基于课程思政理念的教学能力提升,是教师课程思政能力最关键的组成部分。一般而言,教师的课程思政教学能力可以划分为两个维度。其一,教师的课程思政教学设计能力。教学设计能力是教师在现代教育观念的指引下,运用教学设计理论与技术,对教学诸要素(目标、任务、资源和策略等)进行有效决策、系统规划和合理安排的能力。课程思政教学设计能力,就是教师在进行教学目标设计和教学具体安排的过程中,能够从课程思政的角度进行分析,将课程思政的元素科学地融入教学的目标设计与过程实施之中。其二,教师的课程思政教学实施能力。教学实施是实现教学目标的中心阶段,是教师运用一定的教学策略实现教学目标、完成教学任务的过程。教学实施策略的选择既要符合教学内容、教学目标的要求和教学对象的特点,又要考虑在特定教学环境中的必要性和可能性,为其他专业的课堂教学提供规范。教师的教学实施能力即为教师在先进的教育理念的指导下,为实现一定的教学目的,在利用学科与课程目标、资源、内容等多方面整合的过程中,在课堂教学中实现教学设计的内容与原则,完成教学任务与目标的过程中所应具备的能力。从课程思政的角度看,教师的教学实施能力,就是将课程教学与思政教育在教学的过程中真正有机融合起来,让学生在学习专业知识的同时实现思想境界和思维方式的提升,将思政教育巧妙融入日常课堂教学,实现润物无声的教学效果。

2. 课程思政的研究思考能力

近年来,我国的各级各类教育都在经历一场包括目标、体制、机制、内容、方法等在内的,基于现实而指向未来的重大变革。在变革的过程中,教育工作者的专业素养问题受到越来越多的重视。学界普遍认为,当今的教育工作者要胜任教书育人工作的需要,要完成立德树人的教育根本任务,除应该具备传统所界定的专业特性之外,还必须拥有一种"扩展的专业特性",即有能力通过较为系统的自我研究以及对他人相关经验的研究,通过实践中对有关理论的检验和创生,实现专业上的自我发展。基于这样的认识,各级各类教育机构的教师参与教育科研活动日益成为他们的一项常规活动,"教师成为研究者"不仅已经成为一种业界的共识,也已经成为教师实现专业成长的有效方式。特别是对于高校教师而言,从事教育科研活动不仅是其专业成长、能力提升的重要表现,也是教师更好地承担高等教育三大社会职能的题中之义。课程思政是一个高等教育课程教学改革和人才培养改革的新命题,当前来看,尽管对于课程思政的研究已经经历数年,相关的政策、制度也在不断完善,但是在实践之中究竟怎样的方式才是有效的课程思政模式,这一问题依然没有共性的认识。由此,作为高校教师,必须结合自身的理论思考和实践探索,着力对课程思政的内涵、理念、路径等进行持续性的研究,特别是要形成兼具个性和辐射价值的课程思政实践路径。不论是对于教师个人而言,还是对于整个高等教育体系而言,只有通过持续不断的反思、研究和实践,课程思政面临的问题才能够一个个得到化解,课程思政的春天才会真的到来。

3.课程思政的资源拓展能力

课程思政的实施需要以一定的资源作为保障,这种资源,既包括本课程内部的资源,也包括课外教学资源。长期以来,高校的教育教学系统中普遍存在一个迟滞的现象,那就是师生之间单纯的知识传递占据了教学的主要空间,学生单向度的知识复制和接受,不仅不符合教育改革发展的趋势,也无法适应社会发展对于高质量人才的需求。也就意味着,在当下的高校课堂中,任何专业课教师都不能仅仅将传授学科知识作为教学的全部任务,从课程思政的角度看,教师还需要从知识性、技能性、思想性、道德性、艺术性等维度,对学科教学的内容进行拓展,以更好地发挥专业科学的育人效能。所以,对高校教师而言,如何有效拓展课程思政的内容,是其在提升课程思政能力过程中的首要问题和基础问题。作为专业课教师,在承担专业领域的教学同时,也要主动开发专业教学内容体系中与思政教育相融合、相匹配的内容,注重提升自己教学过程中挖掘运用专业知识背后思政教育元素的能力和意识,让学生通过专业知识的学习更好地实现思想道德层面的理解、体会与共鸣，[1]这是课程思政的内在要义，也是课程思政能够真正在教学实践中发挥积极成效的基础和保障。基于上述分析，教师必须树立起明确的课程思政资源开发意识，要在日常生活中注重收集整理与本课程相关的思政教育元素，特别是对于大量职前教育之中没有接受过专门师范教育的高校教师而言，日常资源的拓展是提升其课程思政教学成效的重要保障。

(四)开展教师课程思政的专题培训

教师是教育事业的第一资源，是教育改革发展的重要参与者、推动者，也是教育质量的最终决定力量。高质量的教育取决于高质量的教师，而高质量的教师需要依托高质量的教师教育体系来培养。新中国成立以来，我国的教师教育体系伴随国家建设发展、教育改革进步的步伐，在探索中发展，在改革中创新，逐渐形成了具有中国特色的教师教育体系，[2]承担起了世界上规模最大的教师教育工作。进入新时代以来，中国教育改革发展面临着新的问题和任务，创新教师教育体系建设，优化基础教育师资的供给成为一个越来越紧迫的时代命题。新时代的教师教育需要有新的理念和思路，建构一个开放、完善、顺畅同时又能够适应新时代教育改革发展需要的高质量教师教育体系，必然蕴含着具有深层次内涵的理论逻辑，需要在学理上厘清相应的认识，也应该具备具体运行的实践逻辑，需要在具体的策略上进行建构和创新。[3]纵观当下关于教师教育的重要政策文件，不论是《中国教育现代化2035》，还是《教师教育振兴行动计划(2018—2022年)》，都聚焦优化教师教育体系的关键性问题，提出了开放、协同、联动的系统性改革思维，为新时代高质量教师教育体系的建构提供了重要遵循。

一般而言，教师教育体系是整个教师队伍建设的骨干支撑，也是高质量教师培养的基本依靠。近年来，我国教师教育事业的快速发展和各级各类教育质量的不断提升，在很大程度上是因为我们建构了一个相对独立而又完整的教师教育体系。从概念上说，"教师教育"是在终身教育的思想指导下，按照教师专业成长的不同阶段，对教师进行的职前培养、入职教育和职后培训等工作的统称。近年来，尽管不同时期出台的教育政策对教师教育

---

〔1〕何源.高校专业课教师的课程思政能力表现及其培育路径[J].江苏高教,2019(11):80-84.

〔2〕任友群.创新教师教育体系建设 有数基础教育师资供给[N].学习时报,2019-10-25(6).

〔3〕李瑾瑜.我国教师教育体系重构的应然逻辑与实践路向——专访中国高等教育学会副会长管培俊[J].教师发展研究,2019,3(4):1-6.

体系的界定并不完全一致,但是国家致力于建构高水平"开放灵活"的教师教育体系的追求一直没有发生变化。而作为一项系统的工程,要建构高质量的教师教育体系,除以师范院校为主体的教师职前教育改革创新之外,还需要充分发挥我国各级各类教育培训体系的重要价值,通过教师职后培训理念与路径的创新,帮助教师贯彻终身学习的理念,促进教师专业素养在实践领域的持续性提升。

随着教育事业的改革发展,人们越来越认识到职后培养特别是职后的培训工作是加强教师队伍建设的重要环节,也是完整的教师教育体系的重要组成部分。高质量的教师队伍建设,单靠职前一次性终结型的师范教育是不够的,教师的专业发展必须贯穿职前培养和职后培养的全过程。[1] 大量的实证研究表明,教师职后培训是教师职后培养的关键举措和核心举措,也是实现教育质量提升的最主要途径之一。基于这样的认知,世界主要发达国家普遍都重视教师的职后培养和培训工作。以美国为例,根据现有的相关统计,每年美国各级政府用于教师职后培训的经费支出超过 80 亿美元,每位教师平均每年接受职后培训的时间超过 150 小时,这充分说明美国对于高质量教师职后培养体系建设的重视,而与此相关的一系列调查研究也充分表明,教师参与职后培训的质量与教师的教学改进和学生的学习成效呈现出明显的正相关关系。

从我国高等教育体系中的教师来源和构成看,教师普遍由具有某一专业博士学位的人员担任,这些教师在职业教育体系之中接受的更多的是专业领域的教育,积累的更多的是专业领域的知识和技能。这些专业领域的人才进入高等教育体系之后,往往也就是能够接触到一定程度的师范技能教育,如教育学、心理学、教学法的基本知识,但是对于课程思政是什么、应该怎么做缺少基本的认知。在这种高校教师职前教育体系普遍缺乏课程思政介入的前提下,高校教师职后培训体系中,必须丰富课程思政的专题性培训,只有如此,才能让教师真正理解课程思政的价值、内涵和实施方式。

对高校教师的课程思政主题式培训主要依赖学校的教师专业发展机构,要建构起涵盖教师职业生涯全程的课程思政培训机制:教师入职初期的培训内容体系中,应该着重强化教师课程思政的意识培养,引导教师正确认识自己在课程思政、立德树人的过程中应该扮演的角色;在教师入职之后,要通过经常性的培训、座谈、指导等,引导教师主动探索课程思政的有效方法,提升教师的课程思政能力。不论是教育主管部门,还是学校,都应该本

---

〔1〕　王意如.教师职后培训的模式与效能[J].上海课程教学研究,2017(6):36-40.

着提升课程思政效能,建构"三全育人"有效机制的目的参与课程思政培训体系的建构,通过健全科学的培训体系,确保教师课程思政意识和课程思政能力得到不断提升。

参考文献

1.蔡永红,申晓月.教师的教学专长——研究缘起、争议与整合[J].北京师范大学学报(社会科学版),2014(2):15-23.

2.柴葳,郑丽平.党的十八大以来高校思想政治工作综述[N].中国教育报,2016-12-07(1).

3.陈刚.马克思人的自由全面发展观新探[J].学海.2006(1):131-136.

4.陈慧梅等.《药物化学》教学中"课程思政"教育的探索与实践[J].时代教育,2019(13):17-22.

5.陈霁霞,曹深艳."课程思政"视阈下"基础英语"课程三维功能融通研究[J].科教文汇(中旬刊),2018(4):178-179.

6.陈锡喜.高校哲学社会科学类课程与思想政治理论课"同向同行"的必要性和可行路径[J].马克思主义理论学科研究,2017(1):154-163.

7.陈先哲.新时代高等教育与高等教育新时代[J].教育发展研究,2018,38(C1):58-66.

8.陈艳.论高职院校"思政课程"与"课程思政"的交互融合[J].思想理论教育导刊,2018(12):110-112.

9.陈永明.教师教育学[M].北京:北京大学出版社,2012.

10.成桂英.推动"课程思政"教学改革的三个着力点[J].思想理论教育导刊,2018(9):67-70.

11.成桂英,王继平.教师"课程思政"绩效考核的原则和关注点[J].思想理论教育,2019(1):79-83.

12.成桂英,王继平.课程思政是提高高校教师思想政治工作实效性的有力抓手[J].思想理论教育导刊,2019(8):142-146.

13.丛立新.课程论问题[M].北京:教育科学出版社,2000.

14.党的十八大报告单行本[M].北京:人民出版社,2012.

15.[德]赫尔巴特.普通教育学、教育学讲授纲要[M].李其龙,译.杭州:浙江教育出版社,2002.

16.邓秋柳,邓秋枝.探析启发式教学法在"社会保障学"课程思政改革中的运用[J].教育教学论坛,2020(17):13-19.

17.董城.北京联合大学:将"课程思政"浸润到每个细节[N].光明日报,2018-12-25(1).

18.杜晓利.富有生命力的文献研究法[J].上海教育科研,2013(10):1.

19.高德毅,宗爱东.从思政课程到课程思政:从战略高度构建高校思想政治教育课程体系[J].中国高等教育,2017(1):43-46.

20.高德毅,宗爱东.课程思政:有效发挥课堂育人主渠道作用的必然选择[J].思想理论教育导刊,2017(1):31-34.

21.高锡文.基于协同育人的高校课程思政工作模式研究——以上海高校改革实践为例[J].学校党建与思想教育,2017(24):16-18.

22.高燕.课程思政建设的关键问题与解决路径[J].中国高等教育,2017(23):11-14.

23.郭凤志.价值、价值观念、价值观概念辨析[J].东北师大学报(哲学社会科学版),2003(6):44.

24.郭凤志.现代教育理念下高校思想政治理论课教学方法改革路向研究[J].思想理论教育导刊,2013(10):75.

25.韩喜平,李帅.习近平关于新时代教师职业重要论述的价值意蕴[J].福建师范大学学报(哲学社会科学版),2020(1):9-16.

26.韩宪洲.以"课程思政"推进中国特色社会主义一流大学建设[J].中国高等教育,2018(23):4-6.

27.何红娟."思政课程"到"课程思政"发展的内在逻辑及建构策略[J].思想政治教育研究,2017,33(5):60-64.

28.何玉海.课程改革中隐性课程的作用不容忽视[J].教育理论与实践,2004(2):34-36.

29.何源.高校专业课教师的课程思政能力表现及其培育路径[J].江苏高教,2019(11):80-84.

30.和学新,张丹丹.论学校课程制度[J].全球教育展望,2011(2):22-27.

31.胡洪彬.课程思政:从理论基础到制度构建[J].重庆高教研究,2019(1):112-120.

32.胡惠闵.指向教师专业发展的学校管理改革:上海市打虎山路第一小学个案研究[D].上海:华东师范大学,2003.

33.江山野.简明国际教育百科全书·课程[M].北京:教育科学出版社,1991.

34.姜勇.实践取向的课程实施刍议[J].比较教育研究,2002(6):40-43.

35.蒋红霞.价值共识:教育改革中的潜在难题[J].教育文化论坛,2015(2):94-96.

36.李陈,曲大维,孟卫军.案例教学法在专业课"课程思政"中的应用[J].宁波教育学院学报,2019(4):1-4.

37.李春双,赵梓博.高校思想政治理论课教学方法改革研究综述[J].中国多媒体与网络教学学报,2019(11):29-30.

38.李瑾瑜.我国教师教育体系重构的应然逻辑与实践路向——专访中国高等教育学会副会长管培俊[J].教师发展研究,2019,3(4):1-6.

39.李敏,张志坤.审议与反思:学科德育的教学表现样态[J].教育发展研究,2014,33(22):12-15.

40.李权国,张戎,文力等.高校地理科学专业"课程思政"与德育价值研究[J].中国地质教育,2020,29(1):54-56.

41.李太平,刘燕楠.教育研究的转向:从理论理性到实践理性——兼谈教育理论与教育实践的关系[J].教育研究,2014,35(3):4-10,74.

42.刘承功.高校深入推进"课程思政"的若干思考[J].思想理论教育,2018(6):62-67.

43.刘鹤,石瑛,金祥雷.课程思政建设的理性内涵与实施路径[J].中国大学教学,2019(3):59-62.

44.刘娜,杨士泰.立德树人理念的历史渊源与内涵[J].教育评论,2014(5):141-143.

45.刘淑慧."互联网＋课程思政"模式建构的理论研究[J].中国高等教育,2017(C3):15-17.

46.刘燕楠.对教育研究的再认识[J].教育理论与实践,2014(10):11-15.

47.刘一博.论思想政治理论课实践教学的问题意识[J].思想教育研究,2020(11):3-17.

48.柳逸青,王鑫,刘晓等.高校专业课程中融入思想政治教育的难点剖析与路径探索[J].高教学刊,2018(6):141-143,146.

49.陆道坤.课程思政推行中若干核心问题及解决思路——基于专业课程思政的探讨[J].思想理论教育,2018(3):64-69.

50.吕洪波,郑金洲.教育实证研究离我们还有多远[J].河北师范大学学报(社会科学版),2016(1):5-9.

51.马丽欣,李丽昕.高校财经法律类"课程思政"建设探讨[J].现代商贸工业,2020,41(6):156-158.

52.[美]道格拉斯·C.诺思.经济史中的结构与变迁[M].陈郁,罗华平,译.上海:上海三联书店,1991.

53.闵辉.课程思政与高校哲学社会科学育人功能[J].思想理论教育,2017(7):21-25.

54.牛楠森."办学理念":概念辨析及其"诞生"[J].中小学管理,2019(11):28-31.

55.邱开金.从思政课程到课程思政,路该怎样走[N].中国教育报,2017-03-21(10).

56.邱仁富."课程思政"与"思政课程"同向同行的理论阐释[J].思想教育研究,2018(4):109-113.

57.邱伟光.课程思政的价值意蕴与生成路径[J].思想理论教育,2017(7):10-14.

58.任友群.创新教师教育体系建设 有数基础教育师资供给[N].学习时报,2019-10-25(6).

59.任兆妮."立德树人"教育理念的发展脉络及其内涵研究[J].南方论刊,2019(12):90-91,97.

60.石书臣.同向同行:高校思想政治教育的课程着力点[J].思想理论教育,2017(7):15-20

61.石书臣.正确把握"课程思政"与思政课程的关系[J].思想理论教育,2018(11):57-61.

62.舒定志.论教师的专业自觉[J].教师教育研究,2007(6):10-13,23.

63.孙树彪.高等教育内涵式发展的"立德树人"研究[D].长春:吉林大学,2019.

64.谭巍,黄美银.我国管理学案例教学法研究综述[J].教育教学论坛,2018(34):198-199.

65.田保华.学科德育是内生"溢出",非外求"渗透"[J].中国德育,2018(7):9-10.

66.田学军.深入学习贯彻党的十九大精神 努力答好新时代中国教育的"时代之问"[J].教育研究,2018(1):4-10.

67.涂元玲.论关于教育实证研究的几个错误认识[J].教育学报,2007

（6）：14-20.

68.汪霞.课程实施：一个值得关注的问题[J].教育科学研究,2003(3)：5-8.

69.王飞.课程思政教学改革及其实施策略[J].教育现代化,2018,5(41)：1-4.

70.王慧芳.新时代高校"课程思政"创新改革背景下教学质量监控与保障体系研究[J].现代职业教育,2019(10)：37-39.

71.王瑾娟.高职院校大学语文课程思政教育的有效途径[J].文学教育（下半月）,2020(1)：72-73.

72.王景云.论"思政课程"与"课程思政"的逻辑互构[J].马克思主义与现实,2019(6)：186-191.

73.王仕民,汤玉华.新时代高校思想政治理论课创新发展探析[J].思想教育研究,2018(5)：86-89.

74.王卫华.教育思辨研究与教育实证研究：从分野到共生[J].教育研究,2019,40(9)：139-148.

75.王晓莉.教师专业发展的内涵与历史发展[J].教育发展研究,2011(18)：38-47.

76.王学俭,石岩.新时代课程思政的内涵、特点、难点及应对策略[J].新疆师范大学学报（哲学社会科学版）,2020,41(2)：50-58.

77.王瑶.高校多学科协同思想政治教育研究[D].长春：吉林大学,2018.

78.王意如.教师职后培训的模式与效能[J].上海课程教学研究,2017(6)：36-40.

79.王兆璟.论有意义的教育研究[J].教育研究,2008,29(7)：39-43.

80.文新华.论人的全面发展与个性发展——兼论创新人才的培养[J].华东师范大学学报（教育科学版）,2004(1)：7-13.

81.吴洪富.透视美国研究型大学本科教学与科研关系的迷局[J].高等教育研究,2016(12)：94-102.

82.吴家国.什么是概念[J].前线,1962(4)：20-21.

83.吴康宁.教育社会学[M].北京：人民教育出版社,1998.

84.伍醒,顾建民."课程思政"理念的历史逻辑、制度诉求与行动路向[J].大学教育科学,2019(3)：54-60.

85.习近平.青年要自觉践行社会主义核心价值观——在北京大学师生座谈会上的讲话[N].人民日报,2014-05-05(2).

86.习近平.全面贯彻党的教育方针 努力把我国基础教育越办越好[N].人民日报,2016-09-10(1).

87.习近平.习近平谈治国理政:第2卷[M].北京:外文出版社,2017.

88.习近平.在纪念五四运动100周年大会上的讲话[N].人民日报,2019-05-01(2).

89.肖军.教育研究中的文献法:争论、属性及价值[J].当代教育理论与实践,2018,10(4):152-156.

90.肖香龙,朱珠."大思政"格局下课程思政的探索与实践[J].思想理论教育导刊,2018(10):133-135.

91.谢冉.大学课程:回顾、反思与视角转换[J].现代大学教育,2014(1):13-18,111.

92.燕连福,温海霞.高校各类课程与思政课同向同行育人的问题及对策[J].高校辅导员,2017(8):7-12.

93.杨建超.协同育人理念下高校"课程思政"改革的理性审视[J].南通大学学报(社会科学版),2019,35(6):121-128.

94.杨明全.课程实施的学理分析:内涵、本质与取向[J].全球教育展望,2001(1):35-38.

95.杨守金,夏家春."课程思政"建设的几个关键问题[J].思想政治教育研究,2019,35(5):98-101.

96.叶澜.重建课堂教学价值观[J].教育研究,2002,23(5):3-7,16.

97.袁国,贾丽彬.人的全面发展:教育改革的基本价值标准[J].教育理论与实践,2018(20):7-9.

98.岳亮萍.中小学教师怎样进行课题研究[J].教育理论与实践,2008(3):46-48.

99.曾立荣.高校思政课互动式课堂教学若干问题探讨[J].社科纵横,2010(4):255-256.

100.曾令英.基础教育改革实践的价值导向与追问[J].中国教育学刊,2015(10):37-40.

101.张才龙."草根研究":普教科研的基本价值取向[J].上海教育科研,2012(11):11-12.

102.张晨,李澈.教育部印发"新时代高教40条"[N].中国教育报,2018-10-18(1).

103.张帆涛,蔡险峰,陈雅玲等.例谈《细胞生物学》课程思政教育教学实施策略[J].教育现代化,2019(43):56-57,60.

104.张烁,鞠鹏.把思想政治工作贯穿教育教学全过程 开创我国高等教育事业发展新局面[N].人民日报,2016-12-09(1).

105.张烁,王晔.坚持中国特色社会主义教育发展道路 培养德智体美劳全面发展的社会主义建设者和接班人[N].人民日报,2018-09-11(1).

106.张行涛.教育与社会共变格局与过程[J].集美大学学报(教育科学版),2004(1):42-46.

107.赵鹤玲.新时代高校"课程思政"建设的现状及对策分析[J].湖北师范大学学报(哲学社会科学版),2020(1):108-110.

108.赵继伟.关于"思政课程"与"课程思政"辩证关系的思考[J].思想政治课研究,2018(5):51-55.

109.赵继伟."课程思政":涵义、理念、问题与对策[J].湖北经济学院学报,2019,17(2):114-119.

110.中共中央国务院印发《关于加强和改进新形势下高校思想政治工作的意见》[N].人民日报,2017-02-28(2).

111.周坚."全域统筹"构建高校课程思政体系[N].中国教育报,2020-07-06(5).

112.朱飞.高校课程思政的价值澄明与进路选择[J].思想理论教育,2019(8):67-72.

113.朱丽.什么是成功的教育改革——教育改革成效评价标准构想[J].教育发展研究,2011(6):35-38.

114.朱亚多.浅谈案例教学法在高校实践教学中的运用[J].思想理论教育.2007(3):19-22.

115.朱征军,李赛强.基于一致性原则创新课程思政教学设计[J].中国大学教学,2019(12):24-28.

116. Lees, D. S., The Economic Consequences of the Professions[M]. London: Institute of Economic Affairs, 1966: 299.